経済学の原点

―真実の探究とその役割―

山本英二　著

The Starting Point
of
Economics（Political Economy）

時潮社

経済学の原点―真実の探究とその役割―＊目次

3　生産論（商品生産論）から分かること

はじめに

これから経済学について話していきます。一般の人にとっては、経済ということでもちょっと気が引けるという人が多いのに、経済学となると、大変むずかしく考えることになって、いきなり敬遠されてしまいそうですね。もちろん、経済学は一つの学問ですから、それを理解するにはそれなりの困難さ、ある程度の努力を伴わないわけではありません。でも、それはどんな学問であっても、そういうものであると思います。

しかし、人間、考えることは楽しいことなのです。経済学を私たちの生活に身近なものにするために、なぜ経済学があるのかを考えてみましょう。経済学は、私たちの住む社会がどういうものであるかを科学的に知るためにあるのです。これだけの文の中にも、小さな子供がいろいろ興味をもって質問するように、質問を挙げることができますよね。私たちの住む社会って何なの？　科学的って何なの？

答え方によっては、これらの質問に答えるのにもとても壮大な知識が必要になってきます。当然、経済学を学習することは、これらの質問を解決してくれることになります。もちろん、簡単に答えることだってできます。そう、何事も最初は簡単でいいのです。簡単な知識を少しずつ積み重ねていけばいいのです。しかし、大事なことは、答える方の側について言えば、その答えは的確で、正確でなければなりません。間違いであってはならないのです。

人間は考えることをします。「人間は考える葦」だと言ったのはフランスの哲学者であり物理学者や数学者でもあるパスカル（1623―1662）ですが、これは弱い人間でも考えるという力があるという意味なのでしょう。考えること、それは知（智）を愛すること、これすなわち哲学なわけで、パスカルは哲学の素晴らしさを称えたのでしょう。考えれば疑問が生まれるし、疑問があれば考える。その繰り返しで思考の前進があり、学問の発展があります。このように、考えるということは素晴らしいことなのです。

ここで言う「考える」とは「悩む」こととは違います。私は、考えることと同様に、人間は考えることをやめることができる動物であり、だからこそ素晴らしいとも思います。経済学やいろんな学問についてあれこれ考えて、難問にぶつかることはあります。そういう場合は、一旦考えるのをやめればいいのです。科学者は、みんなそうやっていい着想を得たり、発見をしたりしているのです。問題が難問であればあるほど、それだけじっくり考えるのに価値があるというか、有意義な問題だということになります。

話がちょっとズレましたが、人間はいろいろ考える力をもっているわけですから、そういう力の一部を、真実（深い意味で言えば、「本質」）を知ることに向けてはいかがかなと思うのです。考えるといっても、それが真実を求めるものでなければ、科学的な思考にはなりません。科学が示す真実について考えることはもちろん大切ですが、科学を導く方法というものが仕上げられてくる過程に眼を向けることも大切で、そういう過程の行き着く先が科学になるのです。科学にならなければ、正しい理解、認識は得られません。社会科学には政治学、社会学、法律学などいろいろありますが、社会科学の一つである経済学はすべての社会科学の基礎をなしています。私たちの住む社会を正しく、深く知るためには経済学の知識がどうしても必要なのです。

経済学と称されるものがすべて科学であるとは限りませんが、経済学は科学であり、科学になるべきもの、あるいはなることができるものなのです。科学には、自然科学もあれば、社会科学もあります。自然科学は、自然界にある「物」の間の関係、また法則性（この場合は、自然法則）をとらえることになります。私たちの住む社会にそのような法則性があるようにはなかなか思われないのですが、実は私たちの住む人間社会のなかの経済の営みには法則性（この場合は、社会法則であり、端的には経済法則です）があるのです。人間社会にある「人間」の間の経済的な関係、また経済的な法則性をとらえるのが、社会科学である経済学なのです。なかには、科学とは自然科学のことであって、政治的に行動する人間を相手にする経済学などは科学になり得ないという誤った意見を言う人もいるのですが、私は、そのような人は経済学を正しく学んだことのない人、あるいは正しい経済学に出会ったことのない人だと思います。経済学が示す真実は、自然科学の真実がそうであるように、政治的に多数決で決められるものではありません。また、宗教のように、神仏のお告げというようなものでないことはもちろんです。

自然科学の対象は物と物の間の関係であり、物すなわち物質がどういうものであるかによってその関係に変化が生じたりするし、時には真実がそのまま表面に現れにくい「錯覚」という現象もあったりするわけです。社会科学である経済学の対象は人間と人間の間の関係であり、社会の経済制度がどういうものであるかによってその関係に変化が生じてきます。ですから、経済学の対象は人間の歴史性を帯びることになります。しかも、私たちが住む社会、これは資本主義経済制度の社会ということになりますが、ここにも真実がそのまま表面に現れにくい、「錯覚」に似た「倒錯性」あるいは「転倒性」という現象があります。とにかく、こうしたなかからいろいろな真実を私たちに教えてくれるのが、自然科学であり、また社会科学である経済学なのです。

私たちの住む社会は資本主義経済制度の社会（簡単には「資本主義経済」あるいは「資本主義社会」）であると言いました。経済の営みは人類の発生とともにあったわけですが、資本主義社会とこの社会に至る以前の社会との大きな違いは、資本主義社会では商品経済が大いに発展することになったということです。そのために資本主義社会の経済は極めて複雑なものになったのです。そこで、こうした複雑な資本主義社会の経済を解明するために経済学という学問が生まれることになったわけです。現在、世界には資本主義社会の国のほかに、社会主義社会（「共産主義社会」とも言います）の国があります。また、そのいずれの社会の経済制度も十分に整っていないような社会が発展途上国と称される国のなかには見られることにもなっています。しかし、資本主義社会以外の社会の経済の仕組みを知るためには、まずは資本主義社会の仕組みを知る必要があります。それも、資本主義社会の経済を形づくっている基本的な構造を知ることが重要になるのです。

では、そういう私たちの住む社会を知ること、経済学を学ぶことが、私たちの生活にどう役立つのかということについて話しておきましょう。このことは本文でもたびたび話すことになりますが、案外、経済学の研究者であっても的確には話すことがないようにも思います。ですから、ここでも私の考えを少し話しておきましょう。

人間は、誤解も含め、行き過ぎた考えによって、互いに争ったり、他を排除したりすることになりがちです。このようなことは、政治の世界、宗教の世界ではもちろんのこと、さらには学問というか、経済学の世界でさえ、みられることなのです。しかし、どんな人もが納得できる科学をもとにした正しい理解に立てば、これによって誤解や行き過ぎた考えを訂正するのに役立つことになり、人間が、さらには世界の国々が互いに争ったり、他を排除することを避けることができます。つまり、私たちの平和な生活の実現につながるのです。科学は、このような素晴らしい力をもっているのです。社会科学としての経済学に基づいて万民が思考力を高めなければ、世の中あるいは世界が対立・闘争の状態から抜け出せないでしょう。

自由な考えによって真実を明らかにする科学自身のなかには、経済的かつ政治的な利害関係などありませんし、他を排除するということもありません。理路整然とした、誰もが正しいと納得する真実をつかむ論理があるだけです。間違った考えに対しては、それを訂正するに必要な正しい考えを用意するだけです。経済学という科学が国家や宗教そのものを否定するものだというのもまったく間違った考えでしかありません。

経済学の知識をおカネ儲けに役立てたい。これも、いいではないですか。何らかの経済政策の提言に役立てたい。いいではないですか。経済学の知識がそういうことに役立つこともあるでしょう。経済学を利用する側の人の考え、生き方、あるいは生きる上での立場にいろいろなものがあって当然です。しかし、まずは正しい経済学を学んで、そのあとで行動したり発言したりすること、これが大事です。経済学は、考える判断の基準になるのです。正しく生活するための基準と言ってもいいです。民主主義という政治形態が形としてはとてもいいものであるにしても、それが内容的にも本当にいいものとしてあり続けるのは、肝心の国民・市民が社会を正しく見つめることができる高い知識をもっていればこそのことなのです。そのことをよく考えてもらいたいですね。民主主義の下では、国民・市民の堕落は政治の堕落につながり、そういう政治によって民主主義が悪用され、民主主義は危機に陥れられてしまいます。民主主義にもそういう危うさがあるのです。

今も話しましたように、私は経済学という科学が国家や宗教そのものを否定するとは思いませんし、宗教もあっていいと思いますが、世の人は政治も宗教も大差ないぐらいにしか考えていないのではないでしょうか。両者の違いは、科学的政治はあっても、科学的宗教はないという、この一語に尽きます。もちろん、政治そのものは科学ではありません。しかし、そういう政治もどこか社会科学を基礎に置いた、社会科学に則った、できるだけ科学的政治であるべきだということなわけです。人間の判断基準に経済学のような社会科学があれば、行き過ぎた政治思考、行き過ぎた宗教はおのずと訂正されるでしょう。

ここに、経済学者である宇野弘蔵氏の経済理論に私が氏の著書を通して多くを学んだことを記しておきます。私が宇野弘蔵氏の名を挙げたのは、日本に優れた経済学者がいたことを皆さんに知っていただきたいからです。氏は私にとって信用できる経済学者の一人であると言えます。氏の論文や対談の著書を読むたびに考えさせられますし、これまで気づかなかったことを気づかせてくれます。こういう経済学者はほんとうに珍しいです。それに、私は宇野氏の経済研究に対する謙虚な姿勢にも魅力を感じます。

もっとも、宇野氏の見解のなかに、表現がむずかしくて理解できない点などを含め、疑問点が私にまったくないというわけではありません。そういう点は本文のなかでも指摘し、私の意見を展開しました。ただ、氏の見解の基本的な筋を頭に置き、また受け入れて、そのうえでそれを乗り越えようとしない限り、今後、経済学をさらに充実させていくことはできないように私には思われます。宇野弘蔵氏は１９７７年（昭和52年）に亡くなりました。氏の大きな業績を埋もれさせることなく、後世の多くの皆さんに、また世界に分かり易く伝えていくのが後続する研究者の使命でしょう。

宇野氏にしても私にしても、多くの経済学研究者に学んでいることは言うまでもありませんが、氏は生前に語っていました。自分の経済学研究で追究したことが経済学者として偉大なカール・マルクス（この人物の詳細は本文で話します）に褒められるかどうか楽しみであると。私などはとうてい宇野氏には及びませんが、それでも私が考えついたことが多少でも氏によって褒められるかどうか、あるいはいくらかの示唆ある言葉をかけていただけるかどうか楽しみであります。

なお、私がこれから経済学の話しをすると言っても、経済全体のことになればその範囲は広く、一度に話すことはできません。本書では経済学が誕生する過程および資本主義社会の経済の基本構造について話すことが中心になります。そのことが現実の具体的な経済を正しく理解することになりますので、この点の説明にも触れながら話を進めていくつもりです。また、時には専門的に深く立ち入った話になる場合もあります。しかし、細部にまで立ち入った教科書を仕上げるつもりは最初からなく、骨組みと重要点だけを話すことに心掛けました。したがって、やむなく省略した部分もあります。それでも、全体にわたり言葉の一字一句に細心の注意を払うと同時に、思考を深め、私の考えを各所で忌憚なく展開したつもりです。とにかく、皆さんに経済学の楽しさを少しでも知ってもらえれば、そして経済および社会について学習する向学心がさらに高められていくことになれば、私としてはこの上ない喜びとなるでしょう。

私はこの書物の題名を『経済学の原点—真実の探究とその役割—』としました。経済および経済学について深く知るためには、経済学の原点に戻って考えることが大切なのです。「経済学の原点」とは、経済学の歴史の原点でもあり、また経済学の内容上の原点ということでもあります。「原点」とは、別の言葉で言えば「基準」ということです。原点、すなわち基準というものはとても大事なものなのですね。これからの経済の話しのなかで気づかされるように、経済のなかにも基準があるのです。そうであるから経済が成り立っているのです。皆さんが生きることに悩んだりしたときには、自分が生きている社会がどういうものであるか、どのように成り立っているかを知るべきです。それを知る判断の基準として正しい経済学に学んでもらいたいのです。

人間、思いどおりにならず、腹を立てたくなるときはあります。腹を立てることなど簡単なことです。そんなことは年端の行かない子供でもできることです。腹を立てただけで事態が良くなるわけではありません。人は、ただ好き嫌いの気持ちだけで争うこともあります。争いも、宗教的争い、政治的争い、土地・領土をめぐる民族的な争いなど、いろいろあります。2022年末には世界の人口は80億人に達したそうです。そんななか、地球上では過去において人間の争いが軍事力を用いた国家間の争いにもなってきたし、今現に一部の諸国や諸地域でそんな争いが起きてもいるし、これから起きても不思議ではないという危険な状況も生まれています。なぜ人間は誰も殺傷されることのない問題解決の仕方を求めようとしないのでしょうか。そういう問題解決にあたっては争いを回避する理性および知恵がなくてはなりません。それらを養い身につける努力が必要なのです。だからこそ、私たちは正しい経済学に学ばなければならないのです。学ぶことを怠ってはなりません。学べば理屈、道理の大切さを知ることになり、無理な行動はしなくなります。こうした経済学に寄せる私の思いを世界の皆さんが分かってくれることを切に願うばかりです。皆さん、一緒に正しい経済学に学び、正しい知識を身につけるようにしましょう。

最後になりますが、とにかく経済学について初めて深く学んでみようとする人たちには、この私の書物を最初から最後まで読み進めることをお勧めします。一つの物語として読んでみてはどうでしょうか。「経済学とはこういうものなのか」「経済学は私たちの生活に身近なものなんだ」ということが分かれば十分でしょう。いや、「科学としてのこんな素晴らしい論理というものがあるんだ」ときっと驚かれるに違いありません。それに、資本主義経済の社会をまさに「社会」として成り立たせている肝心かなめなもの、あるいは事柄が何であるかを気づかされ、「社会」についての知識を深めることになるでしょう。すでに経済学、それもとりわけ経済学の基礎理論である経済学原理の分野に精通している人たちには、私が各所で話すことになった私の判断・理解、そしてまたこれまで研究者の誰もが正しく論じることのなかった問題点の私なりの解決に興味をもっていただけるでしょう。そんな皆さんによってさらに研究が推し進められることを楽しみにしています。

振り返れば、これまでの私の研究への道は人間社会のいろいろな分野にわたることになったのですが、経済学の核心部分を探求したいという考えが私の頭から消え失せることはありませんでした。本書は、そんな私が経済学について渾身の力をつくして仕上げた作ということができます。本書の出版に当たり時潮社のお力を得ましたことには、心より感謝いたします。同社の相良智毅氏、阿部進氏、ならびに他の方々にお礼申し上げます。

令和6年1月3日

山本英二

I　経済学はなぜ必要なのか

経済を知るということ

経済学の必要性については「はじめに」でも触れたことですが、経済のことを正しく知るためには経済学という学問を学習することが必要になってくるということでしたね。このことは経済学の誕生の長い歴史を振り返れば十分に窺われることでもあります。でも、まずは、身近な例を取り出して話を進めていきましょう。

私たちは日々、多かれ少なかれ、また自覚的にしろ無自覚的にしろ、経済というものに関わって生活しています。私たちの生活そのものが経済の一部をなしていると言ってもいいでしょう。ですから、経済を知ることについては、次のように言う人もいるでしょう。金融機関のどこに、どのようにお金を預けたり投資したりすると得なのかとか、どこの企業の株を買うといいのか、株も今は買いなのか、売りなのかなどと思いをめぐらしていて、いつもやってることだよ、と。確かに、そういう人は経済に強い人と言えるんでしょう。自然に経済に寄せる関心度は高くはなるし、経済情報を集める努力もするよね。でも、そういう「経済に強い」ってこともいいけど、それだけでは良くないのです。

また、そもそも人々の経済的な立場はいろいろあって、単に消費者としての立場にある場合もあれば、営利企業という職場で物を生産する立場、また物を輸送あるいは販売する立場もあるわけです。こういう企業で仕事をする人も家に帰れば消費者としての立場に立つことになり、このように人々はそれぞれの立場から直接的に、また間接的に経済と関わっているのです。

とりわけ営利企業で仕事をする人は利益（利潤）を得る方法、リスク（損失）を回避する方法の知識を得るために金融の仕組みを学んだり、営業に必要な資料作成の仕方や情報収集を学んだりすることになるし、また効率的に仕事をこなすことの重要さを学ぶことにもなり、その結果として時には経済のエキスパート（専門家）と呼ばれるほどに経済の知識をもつということになります。もちろん、企業で仕事をする以上、これらのことはどれも大切なことですが、やはり経済を知るということでは、それだけで終わっていては決して良くないのです。

経済を知るということは、いろいろな経済の動き、あるいは出来事など、私たちの眼でとらえることができる経済の現象がなぜ生じるのかを、経済全体の基本構造にまで掘り下げて知るということでなければならないのです。イヤー、むずかしい、こんなことしてもカネにならないよって言う人もいるかもしれないね。おカネになるかどうかは多くは各人の商才というか、才覚によるわけで、それはまた別問題にもなるのですが、なぜおカネが得られることになるのか、その社会のメカニズムは何かを考え、知った後におカネを得る行動に出た方が、何も知らないでそうするよりも、精神的に豊かな生活を送ることになるのではないでしょうか。そんなちょっとしたことにも経済学の役割は示されてくるような気がします。もっとも、経済学の役割というものを多少経済学的に語れば、「はじめに」でも触れたように、私たちの住む社会の経済構造を正しく知り、経済の現象と本質を明らかにすること、要するに**資本主義社会**の経済の性質の真実を知ることであり、それによって私たちがともすれば陥りやすい誤解や行き過ぎた考えを訂正することだと私は思っています。

「如何に生きているか」の探究

「はじめに」でも名を挙げた私の尊敬する経済学者の一人である**宇野弘蔵**氏（1897―1977）は、私たちは「如何に生くべきか」ということだけを考えているようだけれども、まずは「如何に生きているか」を考えなければならないと語っています（『「資本論」と私』御茶の水書房）。なかなか着眼点のいい、含蓄のある言葉だと思います。私たちが生活するうえにおいて「如何に生くべきか」、つまりどのように生きるべきかを考えることが重要であることは言うまでもありません。でも、そのためには、「如何に生きているか」、どのような経済状態のなかで、どのように生きているのかを理解していないと、私の言う「誤解や行き過ぎた考え」に惑わされることにもなり、正しい判断ができなくなってしまうでしょう。

考えてみると、自然科学が考察対象とする自然現象については、私たちはそのなかで「如何に生きているか」に大変関心をもって自然現象を知ることに一生懸命になっている気がします。それが自然科学を追究する動力になっていると思うのです。ですから、社会科学である経済学が考察対象とする経済現象についても、私たちがそのなかで「如何に生きているか」ということにもっと関心をもつべきなのです。

私たちが経済によって「如何に生きているか」を知るためには、やはり経済学というものに触れなければなりません。でも、そうむずかしく考えることは、全くないのです。今は、街では近代的なビルが立ち並び、コンピュータでやり取りする時代になっていて、そういうなかで経済が営まれていますが、経済そのものは昔も今も変わりません。人類の発生とともに、経済は、経済の営みはあったのです。人間は生きるために食料を得なければなりません。そこで、得るための行動をしますよね。古代には、機械こそまだありませんが、人間は食料を得るために、また身にまとう衣服をつくるなどするために、自然に素手だけでは無理なことを知り、いろいろな道具を使いました。食料を得る、衣服や道具や家屋をつくるという経済の営み、経済活動というものが、古代人の生活のなかにあったわけです。人間は、一人に限らず、当然に集団のなかで、そういうことをしてきているのです。要するに、物の**生産**、**流通**、**分配**、**消費**ですよね。そう、簡単に言えば、それが経済の過程であり、経済活動というものです。そうした一連の経済活動のなかの経済的な人間の結びつきや経済構造がどんなものなのかを明らかにするのが経済学なのです。

「経済」という言葉の意味

経済とは、人間社会の維持・存続に必要な物の生産、流通、分配、消費の過程であり、そうした活動の総称です。物の生産とあわせて、演芸活動や旅行・観光案内その他の無形のサービスの提供も経済の過程や活動とされることもありますが、そういうものは社会サービスに含まれるものであって、基本的な経済活動とは言えません。経済および経済活動と言えば、基本的には物の生産に関わることと考えて良いと思います。それとは別に、経済学という場合には、この経済の意味には気をつけなければならないことがあります。

もちろん、経済学とは経済についての学問ということですが、経済という言葉の語源を探ってみると、経済はヨーロッパ発祥の英語ではエコノミーと呼ばれてきました。日本語の経済という言葉は、中国の言葉の「**経国済民**」(または「**経世済民**」)に由来するということです。ところが、ここに言葉の意味の食い違いがあるので、ちょっと説明しますと、英語のエコノミーには、節約という意味がありますね。「経国済民」は国を治めて民を救済するという意味で、こちらには節約という意味が落ちています。日本語でも、経済的といえば節約的、合理的、あるいは効率的ということになるので、日本語の経済には、国を治めて民を救済する意味と、節約の意味との両方が入っていて、経済の言葉の使い方に応じて、いずれかの意味を強調するということになっているわけです。

確かに、経済の過程は「節約」と関係があり、また経済の過程は「国」や「民」に必要な物を供給するという役割を担っています。しかし、ここが重要なのですが、そうであっても経済学は「節約」のための学問、つまり「節約」する方法を論じたり学んだりする学問ではありませんし、「国」や「民」により多くの物を供給する方法のためにあれこれ考えをめぐらす学問でもありません。経済と経済学とでは、それぞれの役割は違います。単刀直入に言って、経済学は経済の過程のなかでどのように「節約」が実現されているのか、同時に物の供給がどのように行われているのかを明らかにする学問なのです。このことがしっかり理解されていないと、自然科学が自然の仕組みを人為的に操作することで私たちの生活に役立たせられているように、社会科学である経済学が経済、それも**商品経済**の仕組みを人為的に操作する方法を示すことで、私たちの生活に役立つことになるとか、経済学は人々を救済するような豊かな社会をつくるためにあると考えられてしまいます。ところが商品経済のなかの人間の経済的な動きを人為的に動かそうとすれば無理が生じるし、経済学がそういう人為的な動かし方を示したり、奨励したりすることはありません。逆に、商品経済はそういうことができるものではないということを経済学は明らかにしているのです。

なるほど、経済力を増して生産力を高めれば物の生産は拡大し、私たちの生活は豊かになりますが、それは道具や機械の性能を自然科学的応用によって高めるという生産技術の発展によるものです。このことは経済学によっても明らかになりますが、経済学によらなくても自明の理です。生産力を高めることも経済学でそういうことができるとか、経済学が奨励するというものではないのです。

経済学を利用するということにあたっては、真実を究明すること以上の利用の行き過ぎには注意が必要です。経済学を利用する側の問題になるのですが、ともすれば国の経済制度の在り方を問うような政治的判断が入り込むことになります。となると、経済学そのものが政治的に都合よく変えられることになりかねません。経済学そのものは政治的判断とは無縁のものであるべきです。

ポリティカルエコノミーとエコノミクス

英語には、「経済学」を意味する言葉にポリティカルエコノミーとエコノミクスというのがありますが、前者はとくに日本語訳では文字通り「政治経済学」としばしば訳されることがあります。経済学は近代ヨーロッパでは早く17世紀頃からポリティカルエコノミーと呼ばれて今日に至っていますが、19世紀の終わり頃にはエコノミクスという言葉も使われ始めて、現代ではこれらの二つの言葉が混在しているというのが実情です。

近代ヨーロッパにおける経済学の発展は、まさに国なり国民なりを富ます経済政策の指針を示すものでした。ですから、そこにはあるイデオロギー（社会経済思想などの意識形態）にのっとった政治判断も入ることになるわけで、確かにこれらの経済学は「政治経済学」と呼ばれるのにふさわしい性格のものであったということができます。簡単に言えば、経済政策の主張であり、提言なのですね。ところが、19世紀の終わり頃になると、経済学の領域からの社会主義的なイデオロギーの排除はもちろんのこと、一切の政治的判断の排除を目指したエコノミクスと呼ばれる経済学が生まれたわけです。しかし、反社会主義的な資本主義擁護のイデオロギーによって社会主義的なイデオロギーを排除できても、それで一切の政治的判断を排除することができるというわけではありません。だから、経済学から政治という言葉を取り去って、エコノミクスと呼びさえすれば真実や本質を明らかにする正しい経済学ができあがるかと言えば、決してそういうものではないのです。

つまり、次の点に注意する必要があります。第一に、イデオロギーや政治判断には社会主義的なものもあれば、資本主義的なものもあるのです。この両者を科学としての経済学から排除しなければなりません。これらによって経済学の内容がゆがめられることがあってはならないからです。第二に、自然科学的な客観認識に偏ることになれば、社会科学であり歴史科学であるはずの経済学から歴史性が失われてしまうことになり、ひいては数学の経済学への応用こそが経済学の科学性を証明するものになるとか、その成果を自然科学の成果のように経済活動に利用できるというような誤解、もっと強く言えば錯覚・幻想を導くということです。経済学は最大利益の獲得を実現する節約の方法を論じ提供する学問として扱われてしまいます。計量経済学（エコノメトリクス）や数理経済学（マセマティカルエコノミクス）などは、そのような結果生まれたものであると言えるでしょう。

経済学は社会科学であるように、その対象とするものは社会現象であり、人間と人間との間の関係です。それに対して自然科学の対象は自然現象であり、物と物の間の関係です。この違いによる両者の性格をしっかり見極めるべきです。自然科学であれば、その対象である自然現象の一部を実験室で再現し、実験を繰り返し、その結果を自然現象のなかでいろいろ利用することが可能です。社会科学である経済学では、人間と人間の間の関係の性質を、実験を通して知るとか、つかむとかすることにはならないのです。また第三に、経済の表面的な、目に見える部分だけの認識にとどまるのではなく、本質あるいは真相をつかむまで深く掘り下げ、そのうえで内面と表面の全体を真実としてとらえる認識でなければならないということです。

経済学は経験科学であるとも言います。ここで言う経験科学とは社会科学の単なる言い換えでしかないようにも思われますが、もし別な意味で、すなわち人間が経験したことしか信じられないとか、人間が経験して得られたことが正しいことであり、科学であるというのであれば、誤りが生じます。人間の経験だけで人間社会についての正しい知識が得られるわけではありません。だからこそ道理にかなった理論に基づく科学的に正しい経済学が必要になるのです。日本で生活していれば日本の経済がどういうものであるかが分かるとか、資本主義経済で生活していれば資本主義経済がどういうものであるかが分かるというものではないのです。もちろん、そういう面もあることは否定しませんが、真実が商品経済の現象にそのまま現れてこないものを人間の日常的経験によってとらえることは決してできません。せいぜい誤った外観なり常識にとらわれることになるでしょう。

経済活動の根底にあるもの

古代の経済活動にしろ、現代の経済活動にしろ、私は、それらに根本的に関わっているのは労力の節約、労働時間の節約であると思っています。ただ、現代の経済活動は商品経済的な経済活動になっているのであって、それ以前と違って、そういう節約の実現が商品経済のなかで社会的に強制され、絶対的なものになっているとは言えるのです。しかも、それが商品経済に特別な、経済法則を通すという方法や最小費用・最大利益（利潤）を達成するという目的によって実現されることになっているのであり、そのことが経済学によって明らかにされることになります。とにかく、そういうことで、英語や日本語の「経済」という言葉に節約の意味が込められているのは、本当に興味深いところです。つまり、経済の過程そのものが節約の過程だといっても過言ではありません。でも、だからといって、経済学を節約の仕方を研究して経済に役立てる節約学と理解してはならないことは、すでに話したとおりです。

原始時代や古代の時代の人々だって、経済活動とは言えない祭祀的行事などの活動についてはともかく、経済活動については、絶対的ではないにしてもできるだけ効率的であることを望んだでしょうし、そのためにいろんな工夫をしたでしょう。経済学というものはなくても、経験的に労働および労力の節約を常に考えていたに違いありません。労働して生活に必要なものが得られれば、苦しい労働も楽しいものに変わることもあり得たでしょうが、労働の節約が実現できれば、当然、それに越したことはないわけです。また、自分一人ではできないことも、みんなで力を合わせて労働すれば大変大きな成果が得られることも、知ることになったでしょう。

労働の節約は、労働するための道具の改良、発明など生産技術の進化によって実現されるわけで、生産技術の進化は自然科学の発展によって後押しされることになります。そうした技術が経済過程に採用されるわけです。先ほど話したように、こうしたことは経済学が追究することではありません。効率的な機械の配置、効率的な作業の仕方をいちいち経済学が教えるということはないのです。ただ、そういうことが生産力や生産性を高める方法としてあるという事実、またそういう方法がどのような経済状況のなかで行われているのかを経済学は教えることになるのです。

商品経済との関わり

では、経済学というのは、いつごろから現れたのでしょうか。言い換えれば、なぜ経済学が必要になってきたのでしょうか。そして、経済学は労働の節約ということと、どのような関わりをもつというのでしょうか。

国がつくられ、制度も整えられるに至った古代ギリシャ・ローマの時代には、人々の生活や天文などの自然現象について幅広く語る、**アリストテレス**（前384―前322）などを先人とするいわゆる哲学者あるいは思想家と呼ばれる知識人たちが出現しています。そういう人たちのなかには、政治を中心に論じながら経済についても触れている人物もいます。そうなったのには、商業（商品経済）が発展してきたこととたいへん関わりがあると言えます。

古代でも、単に人々の部族的集団という形から国というものができてくると、国、そして政治というものはどうあるべきかということが問われてくるのですね。そうした人々の小集団と小集団の間に生まれた商業（こうした地域間取引は単純に「交易」と呼ばれたりします）も、またそれによって影響を受けた小集団内部での商業の発展もある程度は進むものの、目覚ましいのは国と国の間の商業、すなわち貿易（「対外貿易」、「国際貿易」とも呼ばれます）の発展でした。これら小集団や国をそれぞれ「共同体」と称することもできます。これまでの牧畜や農業を中心にした経済の過程である生産、流通、分配、消費の全過程について流通の商業化を中心に商品経済との関わりを次第にもたざるを得ないものにしていくことになります。つまり、経済の過程は生産、商品交換（商業流通）、分配、消費の過程になるわけです。商業が共同体と共同体の間で、言い換えればそれらが接触するところで発生し、そういう商業が共同体の内部に浸透し、広まることになって、共同体内部にもともとあった生産部面に影響を与えていったということは、商品経済の性格を知るうえでとても大事なことになります。

商業というものは人間の自由な活動であり、また平等な活動であるわけです。もともと身分制、階級制があって成り立っている国に人間の自由・平等な商業活動が発展するということは、どうなるのでしょう。そんな国にとって、商業は牧畜業を含む農業などと同様に人々の生活を豊かにする反面、自由な商業活動を手放しで許しておくわけにはいかないのです。ある程度の規制が必要になるわけです。こういう重要問題を、古代のアリストテレスその他の哲学者、思想家たちも取り上げることになって、アリストテレスなどは商取引の種類、貨幣の役割などを論じています。しかし、それは、商業の何が良くて、何が悪いのかという見方から論じられた性格のものであって、商取引の種類の関連性、これとの貨幣の関連性など、後年に経済学のなかで解明される事柄からすれば、当然ながら経済学ともまだ言えない極めて不十分な経済認識でしかありません。それは、商業そのものが各国にとっては対外貿易を中心に外部的に発展してきたということと関係があるとも言えるでしょう。

それでも、政治学者、哲学者、思想家と称される人物が、これまでの国内の農業とは違った性格のものとして商業に着目し、それを取り上げなければならなくなっていたことは確かです。対外貿易も地中海地域を中心とするものから、大航海時代を経て、東インド諸島、さらには南北アメリカ方面にまで延びて盛んになってくるし、国内商業も発展すると、国によっては商業を見る目も違ってきますよね。対外貿易こそが国に莫大な富をもたらすものであり、他の国に先駆けて対外貿易や国内商業を発展させなければならないという国が現れてきます。そうなればなおさらのこと、商業について論じることが重要になります。

国にとっての価値観、富を見る目が、これまでとはガラッと変わってきます。それだけでなく、商業と深い関連をもった経済を商品経済、またときには**市場経済**と呼ぶのですが、複雑な商品経済の仕組み、商品経済を揺り動かすいろいろな影響力というものは、簡単には理解できないわけです。しかも、時代はまだ宗教が絶大の権力を誇っていて、自然科学にしろ、社会科学にしろ、科学としての認識が宗教によって阻止されるということがありました。

社会科学である経済学の発生、発展というのは、何よりも商品経済の仕組みを全体的につかむ道でなければなりません。宗教的な観点から、利子を伴う貨幣の貸し借りはいけないとか、道徳的に公正な価格から離れた価格で商品を売買してはいけないというのではなく、利子とは何か、価格とは何か、商品とは何かが、まさに科学的な認識によって明らかにされる必要があります。

哲学は、それ自体では科学認識として十分とは言えませんが、科学を導くのに不可欠な学問だと思います。つまり、哲学は、自然科学や社会科学にまで形を変えなければならないし、これらと結びついて哲学も本当の意味で完成すると言えるでしょう。宗教は、科学とは相反するもので、一緒にはなれません。私は、いくら科学が発展しても、人間に神秘を求める心がある限り、宗教は簡単には無くならないし、それでいいと思います。ただ、政治にしても宗教にしてもそうなのですが、行き過ぎた考えによって、他を排除することになりがちです。そういうことは、絶対にあってはなりません。社会科学である経済学によって、社会の仕組み、経済の仕組みを正しく知ることになれば、無制限に神秘を追い求めたり、人間同士が無知によって争ったりすることを避けることができます。このことが私たちの幸福につながることは言うまでもありません。私は、社会科学としての経済学の役割は、こうした点にあると思うのです。

商品経済の不思議さ

経済学の「経済」は、エコノミー、つまり節約と密接な関係があると言いました。それは労働の節約であり、商品経済のなかでは費用の節約でもあるわけです。これら二つの節約がどう結びついているのか。これを明らかにすることは、商品経済の仕組みを正しく知ることにとって、大切なことになります。それに、自然現象でも、真実が真実として私たちの目には見えずに、現象では真実が転倒して現れるということだってあるよね。転倒して現れるとは逆になって現れるということだけど、本当にそういうことが、またそれに近いことが現れるのです。例えば、いわゆる目の「錯覚」というものがそれに当たります。別な言葉でいえば倒錯現象です。真実がそのものとして現れないということであって、真実が転倒して現れるという事実がどうして生じるかは、自然現象の出来事であれば自然科学によって明らかにするしかありません。天体であれば、太陽が地球の周りを回っているのか地球が太陽の周りを回っているのかという問題があるのですが、地球が太陽の周りを回っているのに太陽が地球を回っているように見える。本当に長い間、人間の目に見えるがままの、あるいは人間に感じるがままの間違った現象が信じられてきました。自分が乗っている列車は停まっているのに、すぐ隣で停まっていた列車が走り始めると、まるで自分が乗っている列車が動き出したかのように感じることもあるでしょう。これなどは太陽と地球の関係に似ています。二本の平行線にそれらに掛かる一本の斜めの線を引いただけで平行線とは見えなくなる現象が起きます。実際には存在しないものが見えたりする蜃気楼という現象もあります。そうしたカラクリあるいは不思議さを解き明かすのが自然科学になります。

こういう真実がそのままでは現れないという不思議さが商品経済の現象にもあるわけです。むずかしい言葉になるけど、「**物神性**」とか「**物象化**」などという呼ばれ方をします。前者は、単なる物が神のように見える、つまり何でもない物でありながら、それが特別な神秘的な力をもつかのように見えてくるということです。後者は、人間の関係が物の関係として現れるということです。いずれも、現象では本質あるいは真相がそのままでは現れないで、その結果、真実が転倒して現れてくるのです。人間と人間の関係であるということが真実なのに物と物の関係となって現れる、しかも神のように特別の力をもつものとして現れる、というわけです。物と物の関係となって現れるとは、自然現象のように現れるということです。だから、「物神性」とか「物象化」とかに惑わされずに、商品経済は、実は人間と人間の関係なんだ、そういう社会的な、歴史的な関係なんだということを知ることが重要になるのです。同時に、なぜそういう現象が起きるのか、起きてしまうのかを知ることもとても大切なのです。単に、未知の世界に分け入って、新しいものを見つけ出せばいいというだけではあまり意味がありません。逆転した現象から真実を見つけ出さなくてはなりません。商品経済を正しく知るということは、まさしくそういうことなのです。

しかし、商品経済を正しく知ることを私たちの先人がやってくれて、偉業を残してくれました。

私たちは、それから学ぶことができるのです。こう言っては申し訳ないですが、そうした偉業に真摯に向き合って学ぶことなく、商品経済に現れるがままの現象面だけにとらわれて満足している経済学者も決して少なくありません。なかには、経済の動きを人体に見立てて、経済学が何か経済の病巣を取り除き、最適経済成長を歩ませる処方箋を与えることができるかのように考える経済学者もいるわけですが、経済学はそのようなものではありません。経済の最適成長の実現とは、経済成長を妨げる要因を抑えて、程よく経済の安定成長を導くことを意味していますが、経済成長を妨げる要因は、実際の経済を相手にして人間の手によって、したがって人為的な経済政策によって、何とか抑え込める場合もあれば、抑え込めない場合も多いのです。偶然的な要因もあれば、必然的な要因もあるのです。一時的に抑え込めた状態になっても、また悪い状態が出てきてしまいます。現実の経済は、これらすべての要因が複雑に絡み合いながら動いています。経済を正しく知れば、こういったことが理解できるでしょう。

「資本主義」とは

私たちが生活している社会は資本主義社会です。経済に的をしぼった言い方では、資本主義経済の社会、あるいはもう少し突っ込んだ言い方でいえば**資本主義的商品経済**の社会です。世界の先進7か国（いわゆる「G7」と呼ばれる国々）といわれる日本、アメリカ、イギリス、フランス、ドイツ、イタリア、カナダは、みんな資本主義経済の社会です。古くはフランス語に由来する「**ブルジョア社会**」というのがヨーロッパで広く用いられました。それは新興ブルジョアジー、すなわち近代思想をもった商工業者や文化人中心の社会という程度の意味ですが、日本語訳では「**市民社会**」とも言います。ほかにも資本制社会、資本制生産様式の社会、資本家的社会という言い方もあります。なお、「資本主義」という呼び方を問題視する意見もあって、それによれば「自由社会」、「市場経済の社会」ということになります。ここでは今後とも資本主義社会のほかに主に資本主義経済の社会、資本主義的商品経済の社会、資本制社会という用語を用いることにします。

資本主義経済の社会と違って、世界にはロシアや中国を代表とする**社会主義**（**共産主義**とも呼ばれますが、便宜上、社会主義で統一しておきます）**経済**の社会があります。かつては後進国という言葉がありましたが、今では**発展途上国**と呼ばれることになっている国々があり、これらの国々のうちには、資本主義経済の社会を目指す国もあれば、社会主義経済の社会を目指す国もあり、また経済制度がそのいずれにも入らないような国もあるということになっています。資本主義社会と社会主義社会は、政治的にはもちろんのこと経済的にも互いに対立するしかなかったのですが、今日では社会主義社会でありながら商品経済（市場経済）を取り入れたり、資本主義社会と経済的な交流をはかったりすることになっています。では、その社会主義経済の中身とはどんなものなのでしょうか。それが**計画経済**であることぐらいはすぐに言えても、それ以上の詳しいことについては、資本主義経済がなんであるかをしっかり知って、はじめて言えることだと思います。

人類の誕生とともに、経済の営みはあっても、商品経済があったわけではありません。人類は共同体を組んで集団生活を営んでいても、その内部での物資の流れはまずは自給自足や集団を養うための供出・配分であり、そのまま内部で商品経済が発生することはありません。共同体と共同体の間、つまりそうした集団と集団の間で物資の交換の必要性があって商品経済は発生したわけです。その場合、経済活動の中心は、当初は採取・狩猟でもあり、その後は農牧業でした。そして社会のなかの経済制度の発展を世界史観点から追ってみると、原始社会の**原始共産制**、それから古代社会の**奴隷制**へと続きます。中世社会になって**封建制**が成立しますが、商品経済も目覚ましく発展はしても、まだ社会内部の農牧業や工業を全面的に商品経済化するまでには至らなかったのです。しかし、やがて商品経済が社会の経済活動の内部にまで深く浸透し、社会全体を覆い尽くすようになって、近代社会の**資本制社会**、すなわち資本主義経済の社会が誕生したのです。

そして、資本主義経済の社会とは異なる社会主義社会が出現して一世紀を超えることになるわけですが、世界史上において社会主義社会が資本主義社会に後続する発展段階としての社会に現実になりうるのは、社会主義社会の将来の経済発展の状況によると言えるでしょう。

イギリス資本主義経済の誕生

私たちが住む資本主義経済ですが、世界史上、最初に資本主義経済が生成、発展したのは、イギリスにおいてでした。イギリスでは、それほどまでに商品経済が発展し、商品経済的富の蓄積によって国力を増大させ、経済を著しく繁栄させたのでした。これらが可能になったそのきっかけは、国の権力者が早くから対外貿易を重視して保護したことに加えて、国内の富裕層の利害関係の変化のなかで15世紀後期から本格的に始まった、土地囲い込み（エンクロージャー）運動を伴った農業革命です。これには16世紀までを中心とする第一次エンクロージャー（第一次農業革命）と18世紀から19世紀半ばまでを中心とする第二次エンクロージャー（第二次農業革命）があって、いずれも多くの農民を土地から切り離して、財産をもたずに労働力だけをもつ無産労働者、つまり賃銀労働者を豊富に生み出したのでした。そしてこのことが、国内の農村工業から発展しつつあった羊毛工業、毛織物工業の拡大の助けとなりました。次いで、大土地所有者と大借地農業者（農業資本家）が生み出されることによって賃銀労働者を農業に向かわせ、また産業革命とともに大躍進を遂げる綿工業に向かわせることになったのです。イギリスで資本主義経済が確立するまでの3世紀あまりの長い期間は、「**資本の原始的蓄積**（**本源的蓄積**）」の過程と呼ばれています。

かくして、イギリスでは古い封建的な経済制度が新しい資本主義制度に徹底的に変えられて、資本主義経済が典型的な形で発展するまでになったのです。この典型的に発展したということが極めて重要なわけで、それは、古いものが徹底的に排除されることでイギリスに経済的自由競争が貫かれる**自由主義経済**が実現され、三大階級、すなわち**資本家**、**賃銀労働者**（賃銀は「賃金」とも書かれます）、近代的な**土地所有者**の各階級が誕生しました。封建制の時代には土地所有者は封建的領主でしたが、資本主義経済では資本主義経済に適合、適応した土地所有者になりました。商品経済化した工業部門で資本家と賃銀労働者の関係が出現したことはもちろんのこと、農業の分野でも、そうした土地所有者から土地を借りて農業を営む農業資本家と賃銀労働者の関係が出現したわけです。

経済景気の悪化や好景気は偶然的に、また単発的に発生することはもちろんあるのですが、それらが経済過程の内部的要因と結びついて必然的に発生するかのごとくに見られる状況になってきます。実際、**不況**、**好況**、**恐慌**という景気の動向が一定の期間を置いて鮮明に現れるとともに、恐慌がほぼ10年の周期で規則的に繰り返し発生する循環を伴うことになったのでした。それは、時代で言えば、19世紀の半ばのイギリスに当たります。まさしく経済全体が、国を統治する国家権力による経済への干渉に依存することなく、自由な経済活動のなかで**経済の無政府性**を生みつつ、経済みずからの運動の力である**法則性**によって規制しながら自律的に発展するという方向に進んでいたと言えるでしょう。

イギリスに続いて、その後、まだ後進国であったいくつかの国が、イギリスとは違ったやり方で資本主義経済を実現して、先進国の仲間入りをしました。日本はその国の一つでした。これが資本主義経済であり、資本主義社会というものなのですが、それは何よりも商品経済によって社会が全面的に覆い尽くされている社会であるということです。

なお、先の三階級の形成について注意しておきますが、農業部面において前近代的な関係が崩壊し、農業部面でも資本家と賃銀労働者の関係ができあがったというのは、資本主義経済が典型的に発展したイギリスだからこそ見られた形なのであって、農業部面において近代資本主義的な土地所有者、農業資本家、賃銀労働者の各階級の存在がなければ資本主義経済の社会とは言えないというものではありません。資本主義経済の基本は、社会に必要な物を量的かつ質的に豊富に生産し、流通させることになる工業を中心とする産業に資本家階級、賃銀労働者階級が成立するということです。商品経済である限り私的所有が前提になるわけですが、私的に所有された土地を利用する農業に前近代的な関係がどれほど残っているかは、資本主義経済の成立にとってはそれほど問題ではないのです。実際、イギリスに続いて資本主義経済への道をたどったドイツ、アメリカ、日本などには農業のあり方のいろいろな姿が見られたのでした。つまり、資本主義経済の初期の生成段階において必要な大量の賃銀労働者が供給される仕方には、国によっていろいろあるということなのです。

考察対象を純粋化する必要性

ところで、私たちの住む日本の資本主義経済は各国の資本主義経済とは形成された歴史も現在ある経済の姿も違うし、そもそも商品経済自身に真実がそのまま現れないという倒錯性もあるわけで、日本の資本主義経済を知るにしても、また資本主義経済とはどのようなものかを知るにしても、現実の資本主義経済をいきなり眺めても、正しく知識が得られるものではありません。

自然科学でもそうですが、いきなり具体的な、複雑なものをそのまま探ろうとしても、深い正しい知識は得られません。例えば、鉱石に詰まった金属の性質を知るためには、その金属にとって不純な鉱物の成分を精錬という方法によって取り除き、金属の純度を高めることが必要になります。体内の胃の状態を検査するには、胃のなかに不純物が残っていない状態で胃カメラやレントゲン線（X線）で検査することになります。植物の葉の細胞を顕微鏡で調べようとすれば、調べやすくするために葉の表皮の余分な部分は取り除くことになります。望遠鏡で天体観測をする際には、雲やその他の観測を遮るもののないときを選ぶことになります。要するに、これらはみな、考察すべき対象を不純物という混ざり物を捨て去って純粋に取り出す作業と言えるわけです。もちろん、不純物が混じった形で考察することも、それはそれで考察の一つのやり方と言えます。例えば、ある金属をその不純物と一緒に調べることによって、その金属がつくられるに至った自然的環境を知ることになるでしょう。ですから、目的に応じて考察の仕方は違ってくるのです。

社会科学である経済学も、その点は同じです。資本主義経済のあるがままの姿からいろいろとらえることも大切なわけですが、それも資本主義経済の一般的な基本構造とそこにある経済法則を明らかにしたことを基礎にしてとらえていかないと、科学的なとらえ方にはなりません。この大事な資本主義経済の一般構造と経済法則というものを明らかにするには、資本主義経済のあるがままの姿から不純物を取り除いた、したがってその意味で抽象的な「**純粋資本主義**」の経済社会を設定（「想定」という言葉を用いることが多いです）して考察することになります。早い話、それは資本主義経済の一般構造と経済法則が純粋に現れる社会なのです。そうであるからこそ、それらがどんなものなのか、鮮明に、くっきりと認識されることになるのです。こうした経済学の研究方法は、当然に経済学全体の方法を打ち立てることを必要とすることになります。

なお、経済学では、不純物を排除することを「捨象する」、純粋なものを取り出すことを「抽象する」と表現することがあります。しかし、この純粋資本主義社会を単純に自然科学的あるいは数学的に「仮説」あるいは「モデル（模型）」と呼ぶことが適切でないことは、順次明らかになるでしょう。

経済学の基礎理論はどうあるべきか

経済学では、実際に存在する真実は理論によって、つまり言葉の説明で明らかにされます。そこで大切なのが理論の展開の方法、順序であって、これが論理というものになります。純粋資本主義社会を考察の対象として、資本主義経済の一般構造とそれを支配する商品経済の経済法則を明らかにする学問領域を、「**経済原論**」あるいは「**経済学原理**」と言い、これが経済学の方法の第一段階にある基礎理論ということになります。「原理」などと言うと、何かイスラム原理主義その他の宗教的なものを連想しますが、経済学でいう原理はそういうものとはまったく関係なく、経済学の基礎的、基本的認識という意味です。

もう少し詳しく言うと、自然現象であれ社会現象である経済現象であれ、物事には因果関係があります。原因があって結果があるということですね。因果関係には偶然的なものと必然的なものがあるのですが、必然的なものとなると、そこには「決まり（規則・ルール）」があって、これが「原理」になります。しかし、その「決まり」を人間が守るべき「道理・条理」とするのでは本当の意味での経済学の「原理」にはなりません。その「決まり」を経済法則とつかむことで、つまり人間の行動が否応なしに規制される経済法則としてつかむことで本当の意味での経済学の「原理」になるのです。

経済学原理（以後、単に「原理」と略称する場合があります）にみられる独特の弁証法的論理については すぐあとで話しますが、経済学原理で認識の基礎を言葉の説明によって論じるということは、まずは言葉の定義を明確にすることだと思います。そして、目には見えない経済的な人間関係を言葉で説明し、隠された人間関係の真実あるいは真相が存在することを証明する、すなわち論じて証明することになるわけです。ですから「論証」ということになります。言葉で説明・証明して、真実が目に見えるようにするのです。自然科学であれば、目に見えないような物と物の関係を、顕微鏡や天体望遠鏡、その他の手法を用いて目に見えるようにして、説明、証明することになりますよね。経済学は、そういうわけにはいかないのです。

また、自然科学では、それもとりわけ天文学を含む物理学では、この目に見えない物と物の関係を説明するのに数字というか、数学を利用することが絶対的に求められる関係にあるとも言えます。そこで、自然現象と同様に社会現象にしても、それを数字で語ることが科学としての最善の方法であるかのように考えられてしまうことにもなるのですが、これは良いことではありません。確かに数字や数学は量の大小を明瞭に表現できます。ですから、もちろん、それらが経済学に利用されて良い場合もあるわけです。真実を追究する科学に政治判断を含んではならないし、数字や数学それ自体に政治判断が入り込む余地がないことは間違いないでしょう。しかし、これらを理由にして、経済学にあっても数字と数学が万能のごとくに利用されることがあってはならないのです。例えば、資本主義経済における労働者の労働と、それ以前の奴隷制や封建制の社会の労働者の労働との相違点を、数字を使って表現できますか。経済学で明らかにすべき真実が、そのまま経済現象には現れてこないことを数字で言い表すこともできないのです。人間と人間の間の関係を数字で言い表すことは無理なのです。あとで話すように、経済用語の価値と価格の相違なども、数字や数学では出てこないのです。中心価格あるいは平均価格を価値と呼ぶことで一般的な価格と価値との相違を問題にしようとはしても、それ以上の考察に立ち入ることはなく、価値と価格の根本的な相違を得るまでには至らないのです。社会を統計的に把握するのに数字や数学は一定の効果を発揮しますが、統計の取り方によっては数字も現象を正確に示すことができるものではないとも言えます。

経済現象を数学で表示しようとする経済学も古くからあって、こうした流れは今日では数学を駆使した数理経済学というものに行き着いています。これは、経済的な人間関係を自然現象の物と物の関係のごとくにとらえたり、政策的に利用できるかのごとくに誤認したりする経済学の流れの一つでしかないでしょう。経済の最適成長や企業の最高利益の諸条件は何かとか、数学と自然科学の粋を集めたコンピュータで答えを求めようとしても、生の経済はそういうものによっては予測できない動きを示すものなのです。もともと経済学というのは、そういうゲーム感覚のものではないのです。そんなことでは、本来の経済学の目的と役割を見失ってしまっているということはもちろんのこと、自分のやっていることが分からなくなってしまっているのではないでしょうか。経済不況や企業収益の悪化は、予測不能なところがあって、必ずあらかじめ回避できるというものではないのです。なぜそのようなことになるのかを、私たちは経済学によって知ることができるのです。とにかく、正しい経済学において真実を明らかにするにあたっては、言葉の意味の重要性、言葉の重みというものを軸にして、理論を展開していく必要があると思うのです。

経済学原理が考察対象とする純粋資本主義社会の話に戻りますが、それはそのままでは歴史的には存在しない、現実にはありえない社会です。社会とはいえ、政治や法律などを備えた国家機構も取り除いた、純粋に商品経済に特有な経済法則という経済的な力だけによって自律している社会なのです。それは経済の無政府性の現れである商品の価格変動を法則的に規制・調節する社会です。しかし、純粋資本主義社会は、決して空想の社会というような、ただ単に頭のなかだけでつくりだされた社会ではありません。考察者にとって都合の良いところだけを切り取り描いた社会ではないのです。先ほど話したように、19世紀半ばの現実のイギリスの経済自身が、国家権力による経済への干渉を排除し、実際に純粋資本主義社会を実現する純粋化の方向を示して発展していたという事実があるのです。理論上の純粋資本主義社会の設定もこのことを根拠にしているのです。加えて、外国貿易も理論のなかから取り除かれますが、それは外国貿易が必要ないとか、なくてもいいということではありません。外国貿易は、経済法則によって自律した経済社会にとっては副次的なものであり、偶然的な要因によって経済に影響を与え、経済法則の作用を妨げる性格をもつものであるからにほかなりません。

純粋資本主義社会は、純粋でないものを捨て去って純粋なものを取り出した、いわば抽象的な社会です。「抽象的」ということは「一般的」という意味につながるのであり、こうした社会の取り出しによって資本主義経済の一般的構造が得られることになるのです。新しいものや古いものが入り混じった、私たちが住む現実の複雑な資本主義社会から直接に純粋資本主義社会を取り出す（抽出する）ということは、至難の業であり、とうていなしうることではありません。せいぜい研究者が恣意的に自分の都合の良い部分だけを取り出すということにならざるを得ないでしょう。純粋資本主義社会の理論上の設定は、19世紀半ばのイギリス経済の発展の純化傾向を背景に行われることになったと同時に、こうした歴史とともに経済学が発展したなかで行われてきたのです。事実、経済学のこの発展を見ると、経済学の発展はまずは純粋資本主義社会を考察対象として資本主義経済の一般構造と経済法則を解明する経済学原理の成立の過程であったと言うことができるのです。

自然哲学と自然法思想

経済学の中身へ進む前に、哲学について、もう少し話しておきましょう。哲学は、それだけでは科学ではありません。知（智）を愛すること、これが哲学です。いろいろ物事を深く考えることが、哲学です。知を愛し、深く考えるだけでは、科学にはなりません。哲学には、唯心論（観念論）もあれば、唯物論もあります。唯物論にもいろいろあるとは思いますが、すべての唯物論が人間をも物として扱っていると見るのは、まったくの誤解です。唯物論の立場に立つ経済学が、経済現象に現れる人間と物の同一視に眼を奪われていては真実が明らかにならないことを訴えるものであることは、これまでの私の話しで理解されることでしょう。経済現象は人間の行動として解き明かされなければならないのです。私はこの点をさらに深く話していくつもりです。それはともかくとして、唯物論が科学への道を切り開くことになるのです。しかし、哲学の領域に唯物論がとどまっている限り、唯物論がそのまま科学であるとはまだ言えないように思います。

宗教の強大な権威が存在する一方で、商品経済の発展は、人間に自由の意識を芽生えさせ、天文学を中心に自然科学の発展をみることになります。それとともに、18世紀にはフランス、イギリス、ドイツなどで宗教批判を展開し、人々に新しい思考を促す啓蒙思想が盛んになります。それ以前の古い時代から、宗教的にも天体の自然現象に自然の決まりごとというほどの**自然の法**というものがあることは認められてきました。中世では、自然法は何よりも「神の法」でした。その意味では自然法はあらゆるものに超越的に、普遍的に作用するし、人間によってつくられた法（人為法または人定法といわれる法律）に優先すると考えられたのです。しかし、近代に入ると、この啓蒙思想によって唱えられた自然哲学のなかで姿を変えた自然の法として、自然現象に限らず社会現象においても取り上げられてきます。こうして自然法は神の法であることから離れて、まずは自然現象のなかで、科学的に自然法則としてつかまれてきます。イギリスの医者であり、生理学者であるハーベイ（１５７８―１６５７）の血液循環説、ドイツの哲学者のライプニッツ（１６４６―１７１６）の宇宙の予定調和説が学問研究に大きく影響を与えたことは言うまでもありません。

しかし、社会現象では**自然法思想**の浸透は少々複雑化します。しかも社会現象のなかで自然法が科学的に経済法則としてつかまれるのは、かなり後になってからになります。まずは、中世における宗教や政治の絶大な権力が存在しない自由な人間社会でも社会として成り立つのだろうか、人口も増えるのだろうかということが問題になってきます。こうしたことが、商品経済の発展を背景にして、哲学者や思想家が社会的視野をもって商品経済の社会を考察する入口になるのです。

自然法思想からすれば、人間社会は自然法によって調和がはかられ、維持されるということになるのですが、イギリスの哲学者および政治思想家であるトマス・**ホッブス**（１５８８―１６７９）は、その著『リヴァイアサン』（１６５１年。書名は水中に棲む巨大怪獣の名であり、国家をそれにたとえて論じた）で、人間が自由な社会は人間が闘争する社会になるので、社会を支配する強い政治権力が必要だと説きます。このような時代のなか、自然法思想に関連して、人間の自然の姿とはどういうものなのか、それは自由、すなわち自由な思考・行動ということではないのか、そして人間が自由で平等な社会でも社会として成立するのではないかという先進的な考えが、とくにフランスにおいて強く現れることになります。これが、後年には人道主義（ヒューマニズム）思想を後押ししたり、社会主義思想を生み出すことにつながってくることにもなります。

そんなこともあって、フランスでは、経済的な分野でレセ・フェール（なすに任せよ）という経済的自由主義の精神がいち早く浸透してくるわけです。自由な人間社会の成立と経済的自由主義という二の新しい二つの考えが、のちには、イギリス・スコットランドの出身である道徳哲学者、またのちに経済学者である**アダム・スミス**（1723―1790）に受け継がれることになります。

スミスはその著『道徳情操論』（1759年。『道徳感情論』とも訳されています）で、人間のもつ利己心と利他心の二面が融合して同情・同感の感情が生まれ、これによって人間の自由な社会の調和がはかられると考えました。そして、スミスは『**諸国民の富**』（1776年。『**国富論**』とも訳されています）という経済学の書物を仕上げます。スミスは自由主義経済思想の立場から、国家権力による貿易商人の保護を積極的に主張する資本主義経済初期の重商主義経済思想を批判しましたが、スミスに至ると、商品経済を動かしているのは政治をつかさどる為政者・統治者などの国家権力ではなく、「見えざる手」、つまり見ることができない手による導きであるという考えに到達します。そこにはまだ、経済法則という明確なとらえ方にはなってはいませんが、それにつながる自然法の考えの進化が現れています。また、スミスは、フランス重農学派と言われる経済学の批判も試みて、経済学の体系的成立を実現したのです。もちろん、スミスが重商主義の経済学や重農学派の経済学から影響を受け、多くを学んだことは言うまでもありません。

なお、スミスと同じスコットランド出身で、スミスよりほぼ10年早い生涯を送り、スミスよりも9年早く『経済学原理の研究』（1767年）という厚い経済学の体系的書物を世に出した経済学者

ジェイムズ・スチュアート（1712—1780）という人物がいたことは、知っておいていいでしょう。その書物は、「経済学」（ポリティカルエコノミー）、そしてまた「経済学原理」（プリンシプルズ・オブ・ポリティカルエコノミー）という名を書名につけたイギリスでは最初のものであったと言われており、ともかくも経済現象を経済学の基礎理論である経済学原理を中心に明らかにする経済学の体系的書物でした。そこには当時としては先駆的とも言える業績があったことは確かであり、後年、次の項以降で詳しく取り上げるマルクスはその重商主義的性格を見抜きつつも、科学的見地に立って高く評価もしていました。私からすれば、それは考察の根底に人間が生活に必要なものを自然から得る労働過程を置きながら結局は経済現象を商品経済の流通局面を通して眺めることに終わっており、全体的に大きな限界に包まれたものだったと言えます。スミスはスチュアートについて何も語っていませんので、スチュアートのこの書物がスミスにどのような影響を与えたのかは知ることができませんが、経済学原理としての研究成果という点では何よりも経済法則の究明に接近したスミスの方が超えていました。

弁証法と唯物史観

また、アダム・スミスよりも後年に、哲学のなかに論理の展開方法を前進させたとらえ方が生まれました。それが、ドイツの哲学者である**ヘーゲル**（1770—1831）の**弁証法**というものです。

ヘーゲルは近代哲学の完成者、あるいはドイツ観念論哲学の完成者と評されています。弁証法は論理学に関係する論証方法の一つですが、弁証法それ自体は古代の哲学のなかにも見られたものでした。ヘーゲル弁証法について簡単に言えば、ある意見とその反対意見が矛盾を抱えて対立し、葛藤しつつも、その矛盾を乗り越えて（これを「止揚する」といいます）総合的に解決をはかり、高い段階へ前進するという論理の展開の運動になります。この運動を線で表すと、単なる直線ではなく、もっと内容のある、楕円形あるいは螺旋形を描く線になるというのです。ですから、矛盾というものも、鉾と盾の話に出てくる矛盾のように出口が分からないというか、動きが止まってしまう矛盾とは違って、矛盾そのものが運動の動力となっているというわけです。ヘーゲルはこの弁証法を、論理だけでなく、人間の世界あるいは歴史を認識する方法に仕立てたのです。ここにヘーゲルの偉さがあるのですが、ヘーゲルには限界もありました。

ヘーゲルの限界となった観念論的な世界観あるいは歴史観は、のちに、ドイツ出身の思想家、また経済学者であり、著書**『資本論』**（全三巻のうち第一巻は１８６７年）を仕上げた**カール・マルクス**（１８１８―１８８３）によって乗り越えられました。それは、マルクスの「**唯物史観**」（「**史的唯物論**」とも言い、唯物論的歴史観ということになります）によって成し遂げられたのです。弁証法も、マルクスの弁証法はとくに唯物弁証法と言われています。弁証法も、唯物史観も、哲学の領域にあるものであって、すでに話したように、それら自体は科学ではありません。科学を導く手段なわけです。ですから、それらを科学にまで引き上げる、言い換えれば科学の内容をもたせる、ということが必要になります。これが、マルクスによって実行されたということです。その一つが、歴史の発展を階級関係の異なる経済制度の発展段階として描いたことです。これにより、自然法的な歴史区分に甘んじていたアダム・スミスなどの歴史認識を乗り越えて、歴史認識を明確にすることになったと言うことができます。また一つは、『資本論』自体が独特な弁証法的な論理展開の構成になっているということです。

マルクスの源流は、フランスの社会主義思想、ドイツの哲学（観念論哲学）、イギリスの**古典派経済学**の三つであると言われています。古典派経済学とは、簡単に言えば、アダム・スミスやそれに続く**デヴィッド・リカード**（1772—1823）などの科学的な探究の跡が見られる経済学を「古典派経済学」、そうでない経済学を「俗流経済学」とマルクスが分けて呼んだことに端を発しています。

唯物史観では、政治、法律、社会思想、宗教などの人間の意識にかかわる部分を社会の「**上部構造**」、そうでない、客観的に存在する経済構造の部分を社会の「**下部構造**」と呼んで、社会をこの二つに分けます。実は、社会をこのように二つの構造に分けること自体が、商品経済の資本主義経済への発展があればこそできたことなのです。ヘーゲルにもスチュアートやスミス、リカードなどの経済学に学んだ部分があるのですが、そのためか、ヘーゲルも社会を国家という人間の意識形態と「ブルジョア社会」、すなわち「市民社会」としての経済社会とを区別していたという興味深い点はあります。しかし、ヘーゲルにあっては、議論は哲学の域を出るものではなかったのであって、この「市民社会」に経済的意味を与え、それを独自に取り出すまでには至らなかったと言えるでしょう。マルクスは言います、下部構造が上部構造を決める、言い換えれば人間の存在が人間の意識を決めるのであって、その逆ではないと。私は、この上部構造と経済構造である下部構造の関係を説く唯物史観は、なかなか優れた考えだと思います。もっとも、人間は観念的にも行動するわけで、「逆」も部分的にはありうるのですが、全体的には「逆」ではないという結論になるのです。この問題は、私たちの「行き過ぎた考え」を訂正する基準が、私たちの存在を解明する社会科学としての経済学でなければならないことと関係しているように思われます。

いろいろな歴史の発展段階

マルクスが唯物史観から引き出した重要なものには、もう一つあります。それは、「生産力と生産関係の矛盾」というものが歴史の発展の動力になるということです。つまり、一社会の生産力が高まればその社会の経済制度を形づくる人間の生産関係ではやがて無理が生じてくる、すなわち生産関係を変え、経済制度を転換する必要性が出てくるというのです。「生産関係」とは生産するにあたっての人間関係を言います。こうしてマルクスは経済学的視野から、マルクスの表現とは多少異りますが、**原始共産制社会**（原始共同体社会とも言い、マルクスはアジア的生産様式と呼んでいます）、**古代奴隷制社会**、**中世封建制社会**、**近代資本制社会**という階級社会に軸点をおいた歴史の発展段階を打ち出しています。こうした歴史の移り変わりの動力を「生産力と生産関係の矛盾」に求めたのでした。当然、資本制社会から社会主義社会への移行にも、それは適用されてくるのです。資本制社会のなかでそういう矛盾が沸き起こって、やがて資本制社会は社会主義社会へその座を譲らなければならなくなるというわけです。

私は、歴史の区切り方には視点によっていろいろあっていいと思います。王朝史でもいいし、社会生活・風俗史あるいは産業技術史でもいいわけです。18世紀の自然法思想では、大ざっぱに初期の未開状態の社会とそれ以後の発達した社会とに歴史が区切られました。スミスにはその影響が少し残るのですが、スミスでは初期未開の社会、商業社会、資本制社会（このような言葉はまだありませんが、中身は資本制的階級社会になります）の形になります。未開状態、牧畜状態、農業状態、農工業状態、農工商状態という要するに産業発展史の分け方をしたのは、ドイツの経済学者であるフリードリッヒ・**リスト**（1789—1846）でした。自然経済、貨幣経済、信用経済と区分けした経済学者もいます。しかし、これらの区切り方では、経済の深部に踏み込んだことにはなりません。やはり経済学的には、マルクスによる階級社会に軸点をおいた歴史の区切り方が最もいいように思うのです。

歴史の発展動力

また、社会の経済制度の移り変わりの動力を「生産力と生産関係の矛盾」に求めるやり方も、興味深い着想だとは思いますが、それが社会の生産関係の内部に次の社会の生産関係へ移行する「矛盾」の動力が生じてくるという意味であるとすれば、それは少し単純化し過ぎているような感じがしないでもありません。マルクスは若い頃、初めは人道主義者（ヒューマニスト）のようなもので、次第に社会主義者になっていきました。ですから、単純化し過ぎてしまったところは、マルクスの社会主義者としての一面が出てしまっているのではないでしょうか。実際、奴隷制社会、封建制社会、資本制社会、社会主義社会のそれぞれで、典型的なものとしては世界での発生地域が違ってきているのです。奴隷制社会であれば古代のギリシャ・ローマ、封建社会であれば中世のドイツを中心とするヨーロッパの各地や中国、資本制社会であれば近代のイギリス、社会主義社会であれば現代のロシアや中国ですよね。しかも、そのロシアを例にとってみても、社会主義社会への移行は、ロシア資本主義社会の生産力がイギリス、ドイツ、アメリカに比べて高かったからなどとは決して言えないでしょう。これらの点をどう説明するのかということが、問われてくると思うのです。

もっとも、マルクスによる歴史の発展段階の移行がより生産力の高い段階への移行の過程であると見ることに特別に問題があるわけではありませんが、そこに移行の必然性とか、移行への動力ということが絡んでくると、そう簡単には論じられないのではないかという疑問が出てきます。マルクスは自説に則って、イギリスの資本主義経済の内部に「生産力と生産関係の矛盾」が噴出した1840年代の経済恐慌とともに社会変革の革命が起きると信じていたようです。ところが、その時、革命は失敗に終わりました。社会主義社会の国は20世紀になって歴史上初めて成立しますが、最初に成立したのは先進資本主義国に生産力の点で及ばない後進国のロシアであり、その後に同じ道をたどった国々もすべて後進国でした。歴史の発展段階の移行については、世界を新しくリードする国がこれまでの中心国ではなくその周辺国で興っているという点に着目して、中心国と周辺国の関係を探るという興味深い研究が歴史学で行われてきているようです。

唯物史観と科学性

ただ、間違えないようにしてもらいたいのは、唯物史観にしろ経済学の科学性にしろ、それら自体からは革命的変革の思想は出てきません。唯物史観からは社会主義思想は出てはこないのです。目には見えなくても実在するものを明らかにする、つまり真実はどうなのかを明らかにするのが科学です。唯物史観に経済学的内容を与えた経済学は、社会科学として私たちの行動、思考・判断の基本的な指針となるのです。私たちはいろいろな考えをもって行動しますよね。資本主義制度を擁護するいわゆるブルジョア思想もあれば、それに反対する社会主義思想もあり、またそれらの中間的な思想もあるし、さらに言えば宗教もあるわけで、それはそれでいいわけです。ブルジョア思想からすれば社会主義思想は「悪」になりますが、社会主義思想であれ革新思想であれ、そういうものが出てくるのは、経済の社会がもつ問題点の反映なのです。そうであれば、そういう問題点を解決することこそ大事なのであって、社会主義思想や革新思想を攻撃するだけでは何にもなりません。社会主義思想にしても、ただ革命的変革だけを主張するのではなく、資本主義経済の構造とはどういうものなのかを正確に理解し、何がどういう状況のなかで変わらなければならないのかを知る必要があるのです。そうしなければ、革命的変革によって多くの人が大きな犠牲を払うこともありうるでしょう。どんな思想でも、また宗教も、とかく言動や行動に行き過ぎが生じがちになります。そういう行き過ぎを科学的な思考・判断によって是正・訂正しないと、不必要な対立が避けられなくなってしまいます。こうしたことは私が何度も話していることですが、経済を正しく知ること、すなわち経済学を学ぶことが、私たちの生活を豊かにすることにほかならないというのは、それによって不必要な対立が避けられるからなのです。ですから、逆に、いろいろな思想や宗教が科学的思考を無視したり、攻撃したりするような社会になってしまっては、それはもはや決して私たちにとって幸せな社会とは言えないということなのです。

また私は、真実を追究する科学には政治思想が含まれてはならないと繰り返し話しています。だから、「マルクス主義経済学」あるいは社会主義思想の立場からつくられた「社会主義経済学」というものは、本来はあってはならないのです。経済学はイギリス古典派経済学にもマルクスにも学びつつ、政治思想を取り除いたものでなければなりません。社会主義思想であれ、ブルジョア思想であれ、そういうものに偏った経済学は科学的経済学とは言えないし、正しい経済学の進展を阻み、遅らせるものでしかないでしょう。

マルクスは確かに社会主義者であり、その実践的な活動をしていました。でも、だからといってマルクスは、資本主義経済の自由主義思想を主張するイギリス古典派経済学を毛嫌いしたり、全面的に排除するということはなかったのです。マルクスは、経済学研究者の科学者としての眼でもってイギリス古典派経済学の理論の難点を批判する一方で、その長所を継承し、前進させることを試みたのでした。こうした科学者としてのマルクスの素晴らしさは称えられなければなりません。私たちは、まずはこのようなマルクスの姿勢こそ学ばなければならないと思うのです。誤った判断に基づく政治思想を掲げてマルクスを攻撃することは誰でもできます。好き嫌いの問題だけで、そのようなことはできるのですから。マルクスの膨大な、精力的な経済研究の中身を知った後で、マルクスに対する評価を行ってもらいたいと思います。そして、もしも社会主義思想によって経済学がゆがめられた部分やその他の理論的不備がマルクスにあるのであれば、それらは当然に訂正され、正しい理論に置き換えられ、正しい経済学が仕上げられて行かなければならないのです。

それにつけ加えて言えば、私たちは次のことを忘れてはなりません。マルクスの大著『資本論』は未完の著書であったということです。『資本論』全三巻のうち、第一巻のみがマルクスの手によって出版されました。あとの二巻は整理の必要な原稿として残されていたものをマルクスの友であり支援者であったフリードリッヒ・**エンゲルス**（1820―1895）が補筆・整理して出版したのです。マルクスが生きていれば、全三巻を通して再検討し、マルクスに新しい思考が生まれたかもしれません。また、『資本論』に理論的限界が見つかれば、それは正されなければなりません。そういう意味でも、『資本論』全三巻の政治的利用に妨げられることなく、自由な研究環境のなかでそれの学問的利用がなければならないことは当然なのです。そして、そうでなければならないとするのが宇野弘蔵氏の学問的精神だったのです。

経済原則と経済法則の関係

経済法則という言葉はこれまでの話しに出てきていましたが、これに似た「**経済原則**」という言葉があります。いずれも、そして両者の関係は経済学にとってはとても大切ですので、これらの言葉についてしっかり理解しなければなりません。詳しいことはあとで話しますが、ここでは両者の違いおよび関係について簡単に話しておきましょう。

経済原則とは、あらゆる社会に共通にみられ、例外なく貫かれている経済行為を言います。ですから、社会の維持・存続に必要なもの、そして人間の生活になくてはならないものが生産過程を中心とする経済過程を通して得られるということも、経済原則なわけです。もう少し立ち入って言いますと、その際に経済過程では、すでに話しました労力の節約、労働時間の節約ということが一貫して原則的に作用してきますので、そのことが経済原則ということにもなってきます。経済効率を高めるとか、無駄を省くということもそうだし、最小の労力でもって最大の効果を達成するということもそうなわけです。

人間が生産物を生産する、あるいは労働によってつくるということは、人間のもつエネルギーを支出することになります。労働するといっても、丸一日労働を続けることはできません。そんなことをしたら、たちまちエネルギーを消費し尽くしてしまいます。肉体的、かつ精神的に疲労してしまいます。ですから、要するに、効果が一定であれば労力をできるだけ削減しようとするだろうし、労力が一定であれば効果をできるだけ高めようとするでしょう。そういった努力、工夫をするのは当然なわけです。そして、こうしたことは生産の技術力を高めたり、生産物の質を良くしたりとか、また多くの人数の労働者を集めて多くの生産物を生産したり、さらには機械や道具の配置を考えるなどして達成されることになるのです。

労働の省力化について簡単に例えて言えば、ある人が同じ生産物を3時間の労働でつくっていて、その生産技術を誰でも使えるとしたら、他の人たちが5時間あるいは7時間の労働でつくり続けることはないだろうということなのです。もう少し経済学的に言うと次のようになります。

A、Bのそれぞれの人あるいは生産部門（簡単には工場あるいは生産企業）が同種同質の生産物を生産していて、Aが生産物を社会的に必要な労働量（労働時間）を投下してつくっている場合、Bが生産物をつくるのに、社会的に必要とされる以上の労働量を投じるのであれば、Bの方は社会的に過度あるいは余分な、無駄な労働量の投下をしているということになってしまいます。そういうことは、社会的には避けられなければならない、つまりBは生産の改善を要求されることになるのです。Aにしても、より少ない労働の量を投じて生産物をつくることができるのであれば、それに越したことはないという思いはあるわけで、経済のなかには最小の労力で生産するということが経済原則として貫かれるのです。

また、こうも言えます。Aの場所からBの場所へ行く人がいるとして、その人は特別な事情がない限り、最短距離を選んで行くということになるわけです。これが経済の原則です。これなどは運輸にかかる時間および労働の省力化の問題になります。回り道すれば、それは経済的には無駄な動きになってしまいます。

では、社会的に需要される以上に、つまり社会的に必要とされる以上に生産物がつくられてしまったらどうでしょう。やはり、社会全体として無駄な労働が投じられることになるし、無駄な労働者が集められたということになります。逆に、生産物の生産が社会的需要を満たさず、不足してしまえば、これまた人々に犠牲や我慢を強いることになり、経済的な最大の効果はあげられないということになってしまいます。ですから、生産物の社会的な需要に適合した（あるいは、できるだけ適合した）充足も経済の原則と言えます。その他、工場などの立地条件にしても、経済原則が貫かれることは言うまでもありません。

ところが、経済法則は商品経済に特有なものであり、資本主義経済（資本主義的商品経済）において支配的に作用することになります。そして、資本主義経済の社会もあらゆる社会と同じように経済過程をその社会の経済基盤として一社会として成り立っている限り、経済法則を通してこうした経済原則を実現しているのです。あらゆる社会に共通な経済原則をそのまま経済法則と呼んでしまっては、経済原則と経済法則の区別はまったく無きに等しいものになってしまいます。そのような経済学は混乱の極みでしかありません。この点に十分に注意する必要があります。資本主義経済だからといって、他の社会と違う、特別なことをやっているのではありません。ただ、経済法則を通すというところに資本主義経済の特殊性があるのであり、しかも経済法則の作用というものは、経済活動の当事者にしてみれば外部的な力によって活動を強制されるというように作用するのです。経済ののんびり、気が向いたらやるとか、自分のしたいようにやるというのは、許されなくなるのです。それで、結果的に、全社会的に、スピード感をもって経済原則が実現されるというわけです。

経済原則は要するに経済的な無駄を省くことだと言いましたけど、どんな社会であれ経済的には無駄を省くという傾向があるということが大事なわけです。ですから、経済原則が貫かれていても多少の無駄は残るのであり、無駄のない社会などはないのです。例えば生産物の社会的需要の充足にしても、多少の過不足が生じるというのが普通なのです。過度な無駄あるいは過度な生産物の過不足がなければ、社会は維持・存続されることになるのです。需給の完全な一致であることが経済の原則ではないのであり、この点、柔軟に考える必要があります。そして、そういう意味では、資本主義経済の社会でも同じことなのです。ただ、資本主義経済では、過度な無駄あるいは過度な生産物の過不足は無政府性の行き過ぎとして経済法則によって訂正されるという、それも今話したように全社会的に、そしてスピード感をもって訂正されるという仕方でもって経済原則が実現されるのです。

最小の労力で最大の効果を達成するという経済原則も、商品経済では直接には最小の費用で最大の利益（利潤）を達成するということになり、それが商品経済の経済法則によって貫かれるということになります。資本主義経済が地球上の気候の温暖な地域で発展してきたというのも、もともと経済の発展そのものが経済的に合理的な地域にふさわしかったからにほかなりません。

経済法則に、まずは基本的な価値法則があって、そのほか主要なものとして副次的な人口法則と利潤率均等化法則の二つがあること、そしてこれら三つがどのような関係をもって明らかにされてくるのかは、話が進んだところで知ることになるでしょう。

「商品経済の原則」もある

ですが、商品経済の現象のなかの自明の理である決まり事は、言ってみれば「商品経済の原則」であって、経済法則ではありません。例えば、同種で同質の商品が同じ価格をもつのは、地域が異なるかして条件が違ってくるという特別な場合をのぞいて普通は異なる価格をもつことがあってはならないわけで、自明の理なわけです。例えば、同種同質の商品がAでは1000円で売られ、Bでは600円で売られたとしても、他の条件が同じであれば安価なBの商品に購買者が集中するのは当然で、端から分かり切ったことであり、こんなのは経済法則ではありません。経済法則としては、こんなことは最初から問題ではないのです。後で詳しく話しますが、同種同質の商品が同じ価格で売られることは前提になりますので、それを生産する生産部門（工場あるいは生産企業）によって生産条件（生産設備など、生産が行われるための環境）が異なるからといって、バラバラの価格で売ることはできません。だからこそ多くの利益が出る生産部門とそうでない生産部門が生じて、そこで利益をめぐる無政府的な競争が起きます。しかし、こういう動きを通して社会的に中心的かつ標準的な生産部門および生産条件が決まってくるのであり、ここに経済法則の作用の働きを見ることができます。

ですから、「一物一価の法則」などとしばしば言われることがあるのですが、それを法則と言うのは正しくない、「商品経済の原則」と呼ぶべきだと私は思います。ほかに、商品に対する需要、供給の関係に応じて商品の価格が変化する動きというのは、経済法則でしょうか。これを経済法則の動きとするのも、厳密な言葉の定義を考えないままに経済法則で済ませてしまうという安易なやり方からきているものと私には思われます。商品の供給よりも需要が強ければ価格は上がり、弱ければ価格が下がるというのは自明の理であって、しかもそれは経済的利益の追求に関係して生じる当然の現象でしかありません。その現象が示しているのは価格の変動による経済の無政府性そのものなのであり、それを法則と呼んでしまっては、混乱も甚だしいということになってしまうでしょう。もしもそれを法則と呼ぶならば、商品経済である限り法則はあるものだということになってしまうでしょう。いや、そうではありません。経済法則は、商品経済が発展して一社会を全面的に支配するに至った資本主義経済のなかにこそ十分に作用するものとしてあるのです。商品経済であればいつでもどこにでも明確にあるというのは価格変動であり、経済の無政府性です。価格が上がる場合も下がる場合も普通は限度があるというわけで、なぜ限度があるのか、そこに何らかの力が働いているのではないかということになるのです。この力の作用こそ、資本主義経済になって十分に発揮することになる商品経済の、それも資本主義的商品経済の法則なのです。

経済原則の通し方の歴史的変化

ところで、次のことを付け加えておきましょう。それは、経済原則はどんな社会にも見られる、あらゆる社会に共通な出来事だといっても、資本主義経済の社会以前にあっては、鮮明に、そして全社会的に経済原則が貫かれるというものではなかったことは確かです。原始共同体社会では、個人で労働するにしても、共同で労働するにしても、自分で、また自分たちで決められる部分が多かっただろうし、経済以外に祭りやその他の文化行事などを催すことが生活にとって大事なものであったとも思われるので、経済原則が純粋に現れにくいという点はあったでしょう。労働ものんびりやる人もいれば、手早くする人もいて、人により格差があり、それがまた許される社会でもあったわけです。奴隷制社会や封建制社会でも、そういう部分は残されただろうし、経済については何よりも国の統治者の権力という経済外的な力によって強制された部分が多くて、いつでも経済原則が鮮明に貫かれるというものでもなかったと言えるでしょう。ところが、資本主義経済の社会では、商品経済の経済法則による純経済的な力の作用を通して経済原則が貫かれ、実現されることになります。したがって、資本主義経済の社会において、それ以前の社会では不鮮明にしか現れなかった経済原則は、経済法則によって全社会的に、純経済的に外から与えられる強制力によって貫かれ、鮮明に現れることになるのです。

資本主義経済の社会で鮮明になるものは、以上の経済原則の側面だけでなく、ほかの側面にもあります。それ以前の社会にも労働には複雑な労働あるいは熟練労働もあれば単純な労働もあるわけですが、生産技術の発展によって労働の単純化が進み、資本主義経済の社会以降、単純な労働が経済の重要な部分を占めるに至ったということがあるわけです。そうなれば、労働に対する評価というものが、特別なものをつくる高度な能力を備えた労働の質の特例評価というものを残しながらも、労働時間の長さによって量的にはかられることが基本になります。このことが社会的、かつ一般的になり、高度な能力を備えた労働の質の特例評価でさえ、少なからず、労働時間にして何時間分に相当するというように労働時間による評価の影響を受けざるを得ないということにもなるのです。要するに、生産技術の発展によるこうした経済原則上の変化が資本主義経済になると鮮明になってくるということです。

では、社会主義社会ではどうでしょうか。社会主義社会は、資本主義社会とは違って、資本主義的商品経済はなくなり、商品経済はあってもその範囲は限定されるように国家によって規制されます。ですから、経済原則も商品経済の経済法則を通して実現されるというよりも、国家自身が商品経済の経済法則に代わって経済原則の実現を指導することになるわけです。その指導の仕方は、国によって、また社会主義社会の成熟度によっても違ってくると言えるでしょう。

Ⅱ　資本主義経済の基礎構造を知る

1　経済の三層構造をとらえる経済学原理

経済と「富」との関係

あなたにとっては、富とは何でしょうか。それはあなたの生活にとても大事なものですから空気や景色のいい自然なども含まれるでしょう。ですから、もう少し限定して、あなたにとって経済からみた富とは何でしょうかと質問しましょう。また、国にとって経済的な富とは何だと、あなたは思いますか。

ある人は、所有する財産としての住宅であり、家具などですと答えるでしょう。またある人は、いや、絶対におカネだよ、おカネは国にとっても富だよと答えるでしょう。ほかの人は、自分は絵画や骨董を集めることが趣味なので、そういうものかなと言うでしょう。でも、とりわけ国にとっては領土あるいは土地であり、人間というか人口、それも働く人々が国にとっては富だねと答える人もいるでしょう。

まさしく、経済的な富とは何なのか、その性質と原因は何なのか、富はどのように増殖するものなのかということが、経済学が追究し、明らかにすべきことなのです。経済学の歴史を見ても、外国貿易（対外貿易）を中心にした商業の発展、それに国内経済や国の財政の問題などを商人、哲学者、政治家、経済学者などいろいろな人物が論じるなかで、富の追究に行き着くことになったのでした。そしてそれは、国民一人ひとりにとっての富の追究であり、また国および統治者にとっての富の追究でもあったのです。しかも、この富の考察が経済学の出発点を飾ることになるのです。

富の増殖、これは経済に関心をもつ人々にとっては、一番の関心事であると言ってもよいでしょう。ですから、皆さんのなかには何はともあれ富の増殖について論じることが最も重要であると思う人もいるでしょう。しかし、経済の構造、それも私たちの住む資本主義的商品経済の構造を形づくっている一つひとつのものを明らかにして、それらを全体的にまとめ上げる経済学としては、それでは不十分と言うか、良くないのです。富の増殖を考察する前に、そもそもその富とは何なのか、富の性質は何なのかが考察されなければならないからです。

そこで、話を元に戻しましょう。いろいろな人にいくつかの富を挙げてもらいましたが、経済学としてはそれらの富をそのまま取り上げるわけにはいきません。整理する必要があります。住宅や家具、それに絵画や骨董は、以前は商品として販売されていたのですが、今はもう商品ではありません。これらを再び売るということになれば、何らかの値打ちをもった商品になります。おカネっまり貨幣が個人にとっても国にとっても富であることは言うまでもありません。土地は、人間も住めないような荒れ地の土地もあるのですが、経済的に意味のあるものを生み出す限りで経済的な富であると言えます。人間あるいは人口も、それが経済的な意味のある活動をする限り経済的な富であると言えるでしょう。

そこで、これらの富を分類してみると、単なる経済的な富と商品経済的な富に分類できるし、富そのものと富を生み出す原因とにも分類できます。もちろん貨幣は商品経済的な富です。ですから、商品経済が発達し、金銀貨幣を海外から持ち込む貿易の重要性が哲学者、商人、経済学者によって説かれました。それが重金主義、重商主義の思想というものでした。そのため、国の統治者も、国を富ますために貿易を大切に保護しました。

しかし、貿易で多額な貨幣を得るにせよ、そのためには多額な貨幣を得ることができる商品がなければなりませんよね。だから商品も商品経済的な富であるわけです。商品経済が貿易面だけでなく、国内の生産部面にまで発展、拡大していけば、貿易商品だけでなく、商品一般が商品経済的な富ということになるのです。そんな資本主義経済の発生期に、イギリスの経済学者、統計学者であり、また解剖学者でもある多才な**ウィリアム・ペティ**（1623―1687）は、「土地は富の母」、「労働は富の父」であって、「労働は富の能動的な要素」であると述べていました。農業や製造業にみられる土地と労働の創造物であるすべてのものは富であり、土地と労働がその富の原因であるというわけです。イギリスの哲学者であり政治家でもあったフランシス・**ベーコン**（1561―16

26）にも「土地は富の母」という言葉は見られ、そうした理解が一般的であったと思われるなかで、ペティは労働の能動性に着目することになっていたのです。ですからペティは、外国貿易や国内商業は物品を交換するだけであって、それらが富を生み出すとは考えていません。ペティには単なる経済的な富（使用価値）と商品経済的な富（価値）との相違、また土地が創造することと労働が創造することとの相違がまだ十分ではありませんでした。つまり、後年の経済学によって明らかにされる、自然そのものである土地は使用価値を生んでも価値を生まず、使用価値とともに価値を生むのは人間の労働だけであるという認識を明確にするまでには至っていないということです。それでもとにかく、ペティの考察の眼が生産部面に向けられた分、富の認識がペティ以前よりも深められたと言うことはできるでしょう。

フランス重農主義者の代表者で、外科医であり経済学者でもあるフランソワ・**ケネー**（1694—1774）は、農業の剰余生産物の生産とその生産力を重視し、農業剰余生産物を生産する農業労働者のみを生産的階級とみる観点から、土地は富の唯一の源泉であると言い、また同時に富を生むものとして人間の労働にも配慮しています。しかし一方で、商工業者は不生産的階級であり、その労働は富を生まない不生産的労働とされたのでした。これは労働については労働一般を富の源泉としたペティよりも後退した考えであると言えるでしょう。労働についてケネーが生産的労働と不生産的労働に分類したことは、農業のみを重視した偏見に基づくものでしたが、農業における剰余生産物に着目したことは、それなりに生産部面への考察を深めるものでした。しかも、経済社会を俯瞰して眺める視点から、一国の全住民を地主階級、生産的階級、不生産的階級という三大階級に分け、社会が必要とする生産物の年々の取引および全社会的な再生産を「経済表」という図表にまとめるということも行ったのです。

アダム・スミスの著書『諸国民の富』の題名の正式名称は、『諸国民の富の性質と諸原因にかんする一研究』です。まさしく、富の追究そのものになっています。スミスは、国民が年々生産し、国民が年々消費する「生活必需品と便益品」を富とみなして、それらを年々生産する国民の労働が富の原因であり源であるとしています。要するに、労働の生産物が富で、その富の原因は労働というわけです。またスミスは、国民や国家および統治者を富ますことはこれらに豊富な収入を得させることであるとし、これが経済学の目的であると言っています。したがって、金銭的な収入も、もちろん富であるわけです。さらに、ペティと同様に、富とは「土地および労働」の年々の生産物であるともスミスは言っています。

スミスが富を追究するに当たってその原因を基本的に労働一般に求めたこと、それに、年々の労働と生産物に焦点を当てることになっているのは、経済学的には大変重要な意味があると言えるのです。スミスは、富の原因の基礎に労働をおいて、富を増殖する原因の一つとして生産力を高める分業を取り上げ、分業論から経済学の考察を始めることになりました。

では、デヴィッド・リカードはどうだったでしょうか。リカードは、スミスと大差なく、土地を利用して労働によって生産された生産物を富とみなしていましたが、生産物のもつ一般的な富と生産物が商品としてもつ価値との違いに関心を払いました。そして、リカードの著書『経済学および課税の原理』（1817年）は、いきなり商品の価値の考察から始まっています。

最後に、カール・マルクスの『資本論』を見てみると、マルクスによれば、資本主義経済の社会では富はおびただしい数の商品として現れている、だから商品の考察でもって研究は始まらなければならないと明言することになっています。

経済学の科学的方法とは

こうした富の追究の過程は、社会・経済のいろいろなものが混ざり合った複雑な世界を前にして、国家とか外国貿易というような複雑、かつ現実的、具体的なものから単純、かつ抽象的な、一般的なものを取り出し、富の性質と原因の考察、あるいは商品の考察にたどりつく過程でありました。しかし、このような過程をたどることで経済学の考察が終わってはなりません。経済学体系を仕上げる正しい道はここから始まる必要があるのです。すなわち、今度はこの単純、かつ抽象的な、一般的なものから複雑、かつ具体的なものへとのぼりつめていき、経済の全体像を考察する過程をたどらなければならないということになります。マルクスは、後者の考察の方法こそ科学的に正しい方法だと言っています。

確かに、そうでなくてはならないと思います。けれども、経済学の全体系を仕上げるにはそれが妥当なやり方だとは思いますが、商品の考察から始まって資本主義経済の一般的な基本的経済構造と経済法則を明らかにする経済学原理の体系というものは、抽象的、かつ一般的な世界のなかで完結するという点は注意するべきでしょう。ですから、そういう経済学原理としては、国家とか外国貿易にまで考察の範囲を広げることはないのです。ということは、経済学原理を基礎にしてこれとの関連において、現実的、そしてその意味で具体的であり、また特殊的な経済、あるいは偶然的とも言えるものをも含む経済を考察対象とする経済学の領域が別に必要になることを意味しています。

それにしても、資本主義経済の基本的な経済構造とそれを支配する経済法則を解明する経済学原理の体系が、商品の考察から始まるということはとても重要なことなのです。商品には経済学原理で解明されるべき要素のすべてが詰め込まれているといっても過言ではありません。しかし、だからといって、商品の考察だから商品に関わる何でも論じていいんだということにはならないのです。続いて経済学原理の全構成を掲げるように、まずは「流通形態論」のなかで、その範囲の限りで商品の考察が行われるということになるのです。この流通形態論の展開が最初に置かれるということが、これまたとても重要なのです。

最初に「商品」はどのように考察されるべきか

資本主義経済の基礎理論を経済学原理として仕上げる、つまり体系化するにあたっては、どう順序立てていくのかということがとても大切なことになります。経済学の歴史によっても、経済学が他の哲学や政治学などの学問とは別に独立の学問として成立するのに、経済学の根幹である自然と人間の間の労働過程あるいは生産物の生産の過程についての議論が深められたことと大いに関係していることは窺い知ることができます。では、原理の最初になる商品の考察を要するにそうした生産論と一緒に論じていいのかと言えば、それでは良くないのです。詳しいことはここでは話しませんが、最初に生産論から議論を進めては本当の意味での経済学原理にならないのです。イギリスで18世紀後半から19世紀の半ばにかけて経済学原理の体系化を目指した経済学の追究は、どれもが生産論を、また生産論をほぼそのまま商品の考察として、最初に論じる形になっていました。そのために、多くの難題を生んでその解決の道を見出せず、結局は正しい経済学原理を体系化する道を閉ざしてしまったと言えるのです。商品経済での人口増加と食料の問題にこだわり続けた、あるいは商品経済的な富である商品の源泉および増加の探究に急であったことが、最初に生産論を取り上げることと関係していたようにも思われます。

考えてみてください。資本主義経済の社会は商品経済の流通形態があらゆる社会に共通な生産過程を全面的に包み込んだ（包摂した）社会なのです。簡単に言って、商品の形態もその一つであるこの商品経済に特有な流通形態だけをそこから取り出して（抽象して）、流通形態そのものの探究をまず行うことが必要なのです。そうすれば無用な混乱は避けられます。原理の最初の商品の考察は、生産とは切り離して、商品経済の流通形態の考察として行われなければならないということです。商品はその生産があるから商品としてあることは間違いありませんが、生産があれば必然的に商品があるというものではありません。商品交換あるいは商品売買は共同体と共同体の間で発生したということが、ここで活きてくるのです。それは共同体内部の生産からそのまま生まれたわけではないのです。生産されて生産物があるというのとは違って、生産物が商品形態をとるということには、特殊の、歴史的な人間の行為が加わらなければなりません。商品形態はそういう特殊な、歴史的なものなのです。

そこで、資本主義的商品経済の考察となると、そこから商品経済の流通形態だけを取り出して、まずはその流通形態がどういうものであるのか、それも最初に商品形態についてどんなことが知られるのかを究明するということが行われることになります。生産論はそれを扱うべきところで論じるということになり、そのうえ分配論については生産された商品を分け合うことを問題にする従来の経済学とはまったく異なる分配論が設定されることになって、経済学原理の体系の大枠が決まってきます。このことは経済学の歴史上、画期的な出来事であったと言っていいと思います。経済学原理の復活であり、本当の意味での、そして正しい経済学原理の体系を整える道が用意されるに至ったと見ることができます。では次に、その経済学原理の体系の構成を見ることにしましょう。

原理の構成の意義

では、経済学原理の構成を掲げて全体の流れを見ておきましょう。

第一編　流通形態論
商品
貨幣
資本
第二編　生産論
資本の生産過程
資本の流通過程
資本の再生産過程
第三編　分配論
利潤
地代
利子

これは宇野弘蔵氏の構成を基本にしたものですが、皆さんは何か気づいたことがありますか。三つの編に分けられ、さらにそれぞれの項目が三つに区切られています。これは、弁証法的論理が正(せい)・反(はん)・合(ごう)と三段階を踏んで進展することに基づいています。前にも話しましたが、今ある状態に矛盾が生まれ、その矛盾を乗り越え、総合的に解決をはかることで高い段階へ前進するという論理の展開になるわけです。不思議なことに、経済の仕組みそのものが、そして原理で解明すべき内容自身が三つの構成になっていて、弁証法的論理の進展とも一致しているのです。

これらの編のなかの各項目が、宇野氏ではさらに三つの小さな項目に分けられてくるわけですが、最後の「利子」のなかの小さな項目だけが四つに分けられ、その四番目の小さな項目が「資本主義社会の階級性」となっているのです。これは、原理の体系はここで完結するのであり、これ以上は原理としては理論が展開することはないということを意味しているように思われます。もちろん、経済学の考察がこれで終わるわけではなく、経済学原理を基礎にして、この原理の世界を包んでいる具体的な経済状況を考察する経済学が必要になることはすでに話した通りです。

さて、経済学原理は資本主義社会の基本的な経済構造、そしてそれは抽象的な経済構造一般ということになるのですが、そういう経済構造とそれを支配する経済法則を解明することが目標です。原理のなかでは、資本家階級、労働者階級、土地所有者（地主）階級の三階級が存在していて、商品売買の当事者、また資本家同士の間などすべてにおいて経済的な自由競争が繰り広げられることになっています。経済過程は富である生産物あるいは商品が生み出されて消費者の手に渡るまでの流れの過程である生産、商品交換（商業流通）、分配、消費の過程のことであるとは、説明の便宜さもあってよく言われることですが、それをそのままの順番で順次考察する編別構成とするのは良くないし、ここに掲げた編別構成はそういうものとはまったく無関係です。ここに掲げた第三編分配論にしても商品の分配を論じるものではありません。資本の生産過程で生み出された剰余価値および利潤というものの分配を論じるものになっているのです。構成のなかに消費の箇所はありません。消費の過程を特に取り上げなくても、消費についてはある場合には商品の需要と同じものとして、またある場合には消費は生産あるいは再生産のための消費になっているものとして、経済学原理で商品売買や商品生産を扱うどこにおいても論じられている、あるいは前提になっているのです。

第一編の流通形態論では「資本」を論じる箇所で資本家が現れますが、それまでは経済活動を行う各人は単に商品の所有者および販売者、それに貨幣の所有者、あるいは商品の購買者または商品の需要者として登場することになります。ただ、資本家の本格的な登場、それに労働者の登場はこの第一編の最後の箇所以降のことになります。土地所有者（地主）階級は第三編になって登場することになります。

資本家も産業資本家、農業資本家、商業資本家といろいろいます。そして、産業資本家は第一編の最後の箇所および第二編、第三編を通して出てくるのですが、その場合、第三編の利潤論までは工業と農業を含む産業資本家一般が取り扱われることになっています。産業資本家に含まれていた農業資本家は第三編の地代論になって具体的に出て、商業資本家は第三編の利子論になって出ることになっているのです。利子論では銀行資本という機関・組織が出てきますが、原理では銀行家あるいは銀行資本家というものはいてもいなくてもいいような状況になっています。なお、産業資本家については、特別にそのように呼ぶ必要があるとき以外は、ただ資本家として呼ぶだけのことが結構あります。また、労働者についても単に労働者と呼ぶときもあれば、賃銀労働者と呼ぶときもあります。「賃銀」の書き方は、いつの頃からか「賃金」とも書かれるようになっています。資本家と労働者の関係という場合、資本と賃労働の、あるいは資本・賃労働の関係ということが多いし、資本家の競争を資本の競争というように、人格を除いた言い方をすることも多いです。資本家の人格や手腕を特に問題にするのではなく、資金あるいはおカネとしての資本を強調する場合には、資本の運動、資本の流通のように、人格を除いた言い方が用いられることになります。

原理構成の注意点と宇野弘蔵氏の功績

では次に、原理の構成について、別の角度から注意するべきところを多少説明しておきましょう。第一編の表題は「流通形態論」としましたが、「流通論」でも構いません。この構成を見て、おやっ？と思う人もいるかもしれませんね。マルクスの『資本論』を知っている人やその解説本を読んだ人には、第二編になって生産論が扱われることになっている点、また第三編の利潤論に続いて地代論になっている点などが気になるところでしょう。第一編、第二編についてのことからまず話しておきましょう。

古典派経済学者のスミスは、商品を問題にするにあたり、商品の経済的富としての性質とその富の原因としての労働をとらえ、商品の生産について分業論を展開しました。リカードの商品論も富に代わる価値というものを労働と関連させて論じました。けれども、それでは商品がなぜ価格をもつことになるのかということが、正確にはとらえられません。スミスもリカードも、その点は失敗しているのです。マルクスは、商品がなぜ価格をもつことになるのかを明らかにする入口にたどり着きます。しかし、スミスやリカードの論じ方を完全には抜け切れず、やはり商品論に労働を取り入れるしかなかったのです。この点を整理して、商品論から労働を取り去って、労働は第二編の生産論以降の問題であるとしたのは、宇野弘蔵氏でした。

ここで、経済学原理を仕上げるにあたっての宇野弘蔵氏の功績を簡単にまとめてみましょう。第一に、経済学原理から政治的判断を排除して、科学としての経済学原理の仕上げに努力したこと。第二に、商品論から労働を取り去って、価値形態論および貨幣の価値尺度論を正しい方向に導き、とくに貨幣の価値尺度機能が価値法則の解明に大きな役割をもつことを明らかにしたこと。第三に、第二編の生産論における資本家と労働者の関係のもとで労働価値論（「労働価値説」とも言います）を論証すべきであるとし、これにより価値法則が資本主義経済の生産にかかわる経済的人間関係を支配、規制していることを明確にしたこと。第四に、労働価値論が第三編の利潤論で扱われる現実的な商品価格についての展開と何ら矛盾するものではないとする方向性を導いたこと。以上ですが、これらのことは西欧の経済学者も、また日本の経済学者も、宇野弘蔵氏以前には誰もやってこなかったことなのです。私たちは、宇野氏のこうした功績を後世に伝えていく任務があると思うのです。宇野氏も研究には謙虚な気持ちをもっていましたが、私たちも宇野氏の功績を大切にしながらも、自由に思考をめぐらして経済学原理の理解を深め、さらには正しい経済学から多くを学ぶ必要があるのです。

原理構成と価値法則との関連性

さて、原理の構成に関連しては、もう少し話しておきましょう。第一編では商品の価値とは何か、また価格とは何か、両者の関係はどういうものなのかが論じられます。ここでは、商品の需要供給（簡単には需給）は変動しつつも、需給一致の方向に調節する作用が働いていることを示す論理の展開になります。価値と価格の関係でいえば、商品の価格は交換の基準である価値以上にも以下にも変動する形になるわけで、そういうものとしてまさしく商品の価格であるのですから、そういう価格が考察されなければなりません。要するに、そういう経済の無政府性の現れである商品の価格の変動を経済法則が規制・調節する関係が、早くも第一編の論理の展開に関わってきます。

第二編では、こうした第一編で明らかにされたことを踏まえて、商品の需給が一致した価値どおりの価格の状態で、あるいは商品の価値自身によって生産論の中身が展開されます。ですから、第二編の生産論では商品の需給が不一致になるという経済状況は、そもそも問題にはならないのです。商品の需給一致を調整する価値法則の作用があることは前提で、論理が展開されることになります。商品が売れなくなる状態もあるというのではなく、商品が売れているという通常の状態で生産の中身がどうなのか、そして需給一致の状態のなかでさえ景気の悪化という経済問題が生じてしまうことを探ることになるのです。

ですから、商品が価値で売られること、あるいは価値どおりの価格で売買されることの意味が第一編と第二編を通して問われてくるのです。経済法則と言えるものはいろいろありますが、なかでも宇野氏は価値法則、人口法則、利潤率均等化の法則を三大法則と呼んでいます。第一編では価値法則が資本主義的商品経済の形態面との関連で、第二編では価値法則と人口法則が資本主義的商品経済の生産面との関連で取り扱われます。

第三編になると、第一編の商品売買の当事者間の関係、第二編の資本家と労働者の間の関係とは違って、まずは資本家間、それも産業資本家間の関係が取り上げられます。ここでは高い利益（利潤）を求めて資本家間で競争する状況そのものが舞台となるので、第二編からの商品の価値が基礎に置かれつつも、資本家間の競争が経済の無政府性の現れである、商品の需給の一致あるいは商品の価格と価値の一致から分離した状況を生み出す面と、そういう競争が資本家間への利益の平等分配を実現する（これが利潤率均等化の法則です）ことで、経済の無政府性をほどほどのところで規制・訂正することになっている面の両面が明らかにされます。これによって第一編および第二編で問題にされた価格の変動や価値どおりの価格の売買、あるいは商品の需要に応じた供給に、現実的には資本家間の競争が大きくかかわっていることが知られるのです。経済法則が働くといっても、あくまでも経済の無政府性のなかの法則性なのです。法則性があるからといって、無政府性が無くなるわけではありません。法則によって過度の無政府性、つまり無政府性の行き過ぎが訂正されることに重要な意味があるのであり、無政府性そのものは商品経済である限りいつでもあるのです。法則があっても無政府性自身は常に残らざるをえないのです。言い換えれば、いくら法則性があっても、商品の需給の多少の不一致は常にあるということです。しかし、そういう不一致を残しながら、商品の需要に社会的に応じて供給をはかっていることが大事なわけです。資本主義経済の社会に限らず、どんな社会であっても、社会的に必要とされるものの供給の姿は、何ら変わるところはないでしょう。

ところで、この第二編から第三編への経済現象の変化については、古典派経済学は十分な正しい説明をすることができませんでしたし、古典派経済学を乗り越えたマルクスにも説明不足の点があり、マルクス以後に大変な論争が起こりました。私は、その論争の決着に重要な鍵となるのは、第一編を流通形態論として整理した宇野弘蔵氏がそのなかで貨幣の価値尺度機能を正しく展開することになったことであると思います。しかし、そのことを理解できていない経済学者も見られます。第三編における商品の需給についての宇野氏自身の説明にしても、必ずしも明瞭であるとは言い切れません。資本家間の競争によって厳密な商品の需給一致が形成されるような、あるいはそのように解釈されてしまう説明を残してしまっているようにも、私には思われるのです。いずれまた詳しく話しますが、ここではこのぐらいにしておきます。

第三編の地代論は資本家間の調整価格論の延長でもあり、また土地を利用した生産ということで生産に直接にかかわる問題でもあることから、ここで論じられることになります。続く利子論では、銀行資本や商業資本が生産を補助するという重要な役割を果たしていること、また一方で資本の物神性（人間の行動の産物でありながらその痕跡は消え失せ、それよって人間が支配されるという現象）を極度に高めることになっていることが明らかになります。

要するに、原理ではまずは商品の交換関係が、交換関係に立っているという関係だけが説かれることで、続いて商品が実際に交換され、売買されることが説かれることで、商品の価値およびこの価値を取り巻く状況が明らかにされます。次に、商品の生産との関わりで商品の価値の内容が明らかにされます。最後に、資本家間の平等性の実現が軸になって、商品の価値そのものは背後に前提となって置かれながらも、商品の価値の内容およびその価値を取り巻く状況がより深く明らかにされてくるのです。全体を通して、商品の価値の社会性が順次より深く論じられてくると言ってもいいです。論理の進展とともに中身がどんどん膨らんでくる素晴らしい弁証法的論理というものを、ここに見ることができるのです。

宇野「三段階論」とミクロ・マクロなどの分析方法との相違

経済学の学習は経済学の基礎理論である経済学原理だけで終わるものではないのであり、実際、経済史、世界（国際）経済論、特定の国の経済論、貿易論、財政論など、いろいろな研究者によって経済の考察は行われています。経済学原理は純粋の経済のなかで経済法則の作用などの経済的に必然的な関係をとらえることになっているのですが、現実の経済はそうした経済が不純物なもの、あるいは経済的に偶然的な関係によって取り囲まれているわけで、現実の経済の考察となると、それはそれでそういうものとして考察される必要があるのです。この点を踏まえて、宇野弘蔵氏は経済学原理を基礎にして資本主義経済の世界的に典型的な発展を段階的に追跡する「**段階論**」、さらに「**現状分析**」へと進む経済学の方法、つまり「三段階論」と呼ばれる方法を明確にしたのですが、この経済学の方法の展開そのものが弁証法的な展開になっていると言うことができます。原理のなかに、また経済学の方法のなかに、一般的、抽象的なものから個別的、具体的、あるいは特殊的なものへの論理の発展があるのです。宇野氏の「三段階論」については、機会あるごとに触れることにします。

マクロ（巨視的）分析、ミクロ（微視的）分析とか、動態分析、静態分析という言葉が経済学の分析にそれぞれ対〔つい〕になって取り入れられることがあるのですが、私は、皆さんに知ってもらいたい経済学の世界でこうした言葉を用いることはありません。それらの分析はいずれも対象を大雑把にしかとらえることができないように思うのですが、そうした分析でなくても経済を十分に、正しくとらえることができるのです。それに、「商品売買の関係として見れば」とか、「経済循環のなかでとらえれば」とか、やさしい言葉で語る方が内容を正確に伝えられるでしょう。いや、その前に、分析の対象が何なのかを明確にする必要がありますね。経済法則についてそういういろいろな見方・分析方法を試みるのか、経済法則を取り巻く不純な、偶然的な経済関係についてそうするのかということです。やはり、こういう問題に行き着かざるを得ないのではないでしょうか。例えて言えば、岩石に含まれている特定の金属を純粋に分析するのか、あるいはその金属が不純物とともに含まれる岩石を分析するのか、さらにはその金属および岩石の生成段階と環境との関係を分析するのかなどということになります。植物であっても同じことで、植物の内部の細胞や器官などを純粋に取り出して（抽出して）分析するのか、植物の外部の目に見える花や葉の形などを分析するのか、さらには植物の生育段階と環境との関係を分析するのかなどということに当然なるわけです。分析の対象自身をハッキリさせないことには、何もかもが曖昧になってしまうでしょう。とにかく、どんな経済学の研究者も、とりあえずは宇野氏の「三段階論」に沿った研究方法を取る方向に進むことを期待したいものです。

では、経済学原理の内部に立ち入ることにしましょう。

2　流通形態論（商品売買論）から分かること

商品と価値

経済学原理は資本主義経済を考察の対象としています。資本主義経済の社会は商品経済によって覆われていて、社会の維持・存続に必要なあらゆるものが商品の形態（姿）を取っているわけですが、商品経済がそもそも商品の交換あるいは売買という流通形態のなかで発生したことからも知られるように、資本主義経済を最もよく表す抽象的なものを取り出すとすれば、まずは、あらゆる社会に共通な生産過程を覆っている、そういう流通形態ということになります。ですから第一編では商品経済の流通形態が考察されてきます。これは、例えば生産と商品とではどちらが先にあるのかという話ではありません。資本主義的商品経済を最も特徴づけるものは何か、商品経済的富として取り出される最も抽象的なものは何か、歴史的にも生産があれば商品経済があったという関係ではなく、商品経済はまず流通形態という抽象的、簡単なものとして発生し、それが生産を包み込む複雑なものへと発展したのではないか、という話なのです。

流通形態には商品以外にも、貨幣および資本があるのですが、最も抽象的なものは商品ということになります。商品の形態から貨幣の形態が必然的に生まれ、さらに貨幣の形態から資本の形態が必然的に生まれるということは、歴史的にも言えることであるとともに、論理的にも言えることなのです。言い換えれば、商品は資本主義経済の富の最も基本的な富なのです。

しかし、商品そのものは資本主義経済以前のずっと昔からあるのですが、第一編で考察されるのは資本主義経済以前のそうした商品でもないし、また商品なら何でもいいというわけでもないのです。資本主義経済から抽象して取り出された商品でなければなりません。あくまでも資本主義的商品としての性格を残した商品であり、資本主義社会の経済構造一般を解明するための商品であるということです。だから、日々そして年々社会的に必要とされ、取引されるあらゆる商品でもあるのです。そうした商品は、結局は**価値**を明確にもつ商品だということになります。資本主義経済以前の商品では、商品が価値をもつことは不明確だったのです。商品には必ず価格がありますが、商品に価格があれば必ず価値があるということにはなりません。そこで、この商品の価値とは何ぞやということが問題になります。では、商品の性質、価値の性質とはどんなものなのかを探ることにしましょう。

商品は交換の基準である「価値」と、もともと物（「財」とも呼ばれます）に備わっている「**使用価値**」という二つの要因から成っています。価値にはどんな商品も互いに質的に一様で量的にのみ異なるという性質がある一方、使用価値には商品それぞれが互いに質的に異なるという性質があります。つまり、商品はまったく性質の異なる二つの性質を兼ね備えていると言えます。しかし、商品だからこそもつ積極的な要因は価値なんだということであり、商品所有者にとってはもはや商品は使用価値ではないから交換に出されているということからも知られるように、使用価値は消極的要因であると言えるでしょう。

これら価値と使用価値とはもともと言葉として似ているし、価値は使用価値の略称のようにも考えられたり使われたりし、普通は両者を明確に区別する注意は払われないのですが、実際、経済を扱った書物では両者は昔から同一視ないしは混同されてきました。もちろん、両者ははっきりと区別される必要があります。ただ、単に考察を「富」から始めると言っただけでは商品のもつ価値と使用価値の区別がつきません。また、商品の価値は使用価値でいう価値とは違うのです。使用価値は、物に本来的に備わった性質であり、有用性あるいは用途などのいろいろな言葉で言い表すことができます。物は使用価値があるから交換の基準である価値をもつというわけではありません。でも、経済学の商品が使用価値をもつことは誰でも分かります。むずかしいことは何もありません。

原理が考察の対象とすべき資本主義経済の多くの一般的な商品について使用価値とは異なる価値という言葉、価値という独自な、正確な言葉を取り出すのには、アダム・スミスからカール・マルクスまでを考えただけでも100年を超えるたいへんな年月・時間がかかりました。マルクスでさえ、彼の研究の最後の最後になってやっと商品の「交換価値」（詳細はすぐあとで話します）とも異なる商品の価値というものに到達することができたという感じです。それでもまだ商品の価値を流通形態の範囲で〈純粋に〉考察することができなかったのであり、そのために、後続する「**価値形態論**」という極めて重要な理論を生み出しながらも、それを十分には展開できなかったのです。

商品の価値について労働という価値の内容（少しむずかしい言葉になりますが、これを「価値の実体」とも言います）を持ち出さずに規定できるのか、論じることができるのかと疑問に思う人もいるのですが、それができるし、そうしなければならないのです。何よりも商品も価値も流通形態なのであり、流通形態としての価値の性質が最初に考察される必要があるのです。商品の価値とは質的に一様で単に量的にのみ異なる性質をいい、この価値が交換の基準になっていると、労働を持ち出すことなく最も単純に商品の価値の性質を説明できるのです。要するに、商品の価値の性質をどこまで説明するのかということになるのですが、ここで何もかも価値の説明を行うということになれば、価値と一緒に労働はもちろんのこと、その労働の社会的な性質から資本主義経済の構造の多くの部分までが論じられなければならないことになってしまいます。そうではなく、ここでは商品の価値と使用価値のそれぞれの性質、そしてこの価値が商品交換の基準をなす関係にある点が明確にされれば、それでいいのです。それ以上の価値の性質については、順を追って明らかにされて行くことなのです。

さて、商品には価値があり、商品は価値をもつのですが、価値は商品の交換関係という関係性をいうのであって、商品の使用価値とは違って商品を一つ取り上げても目には見えず、商品所有者にとっても交換の基準であり、他の商品を、さらには貨幣を得られるものであるということ以外は分かりません。そんな価値が目に見えるようになってくるというのが、次の価値形態の問題です。すなわち、商品所有者や私たちの目に見える現象のなかに商品の価値が現れるというわけですね。その現れたものが価格になります。

なぜ商品は価格をもつのか

商品の価値は交換においてどのように表現されてくるのでしょうか。質的に一様で量的にのみ異なるという性質をもつ商品の価値は、他の商品との関係、つまり交換関係のなかでしかつかまれてきません。商品の交換関係がなければ、価値はそもそも出てこないし、無いものなのです。価値が出てきて、それが目に見えるようになっても、目に見えるのは価値そのものではなく、価値の現象形態でしかないのです。このことが商品がなぜ価格をもつのかということに関わってくるのです。

そこで、商品の価値は、まずは他の商品との交換関係において、他の商品の量によって、言い換えれば他の商品の使用価値の量によって「**交換価値**」として表現される、ということになるのです。

交換価値は価値そのものではないし、価値とは区別されなければなりません。交換価値は流通形態である価値の表現形態あるいは現象形態なのです。交換価値は商品の貨幣との交換、貨幣による売買となって、「**価格**」になるものです。ここではまだ貨幣は出てきていないので交換価値という言葉が使われてきます。この交換価値表現からの貨幣による価格表現への移行という商品価値の表現形態を追跡したものが先に取り上げた価値形態論と言われるものです。価値形態論を通して貨幣による価値表現の必然性が明らかにされ、商品がなぜ価格をもつのかが分かることになるのです。

では、その展開というのはどういうことになるのでしょう。価値形態論の展開を順次示せば第一形態の「簡単な価値形態」、第二形態の「拡大された価値形態」、第三形態の「一般的価値形態」、第四形態の「貨幣形態」ということになります。ここではそれらの詳細については省略しますが、「簡単な価値形態」ではある量の一つの商品が他の種類のある量の一つの商品と交換される関係において商品の価値が交換価値として表現されてきます。「拡大された価値形態」ではその交換関係がそのまま拡大されることになって、その同じ一種類のいろいろな量の商品が他のいろいろな種類のいろいろな量の商品と交換される関係になります。「一般的価値形態」ではいろいろな種類のいろいろな量の商品が他の一種類のいろいろな量の商品と交換される関係になります。「貨幣形態」では売買に適した単位当たりの量のいろいろな種類の商品がいろいろな量の金貨幣とのみ交換される関係になります。この貨幣形態に至って、これまでの交換価値による商品の価値の表現が価格による表現になり、また「交換」は特に「売買」になります。商品の価値を表現する社会性が順次深められ、現実の商品売買関係に徐々に近づいていくことになるわけです。

皆さんは、お店で商品を売る側になった場合のことを頭に描いてください。価値形態論の全体の展開を通して、商品所有者が市場にいて、不特定多数の、まだ具体的には現れていない交換の相手に向かって、自分の所有する商品の価値はあなたのもつ商品のいくつかのある量と交換するのに等しいですよと表明しているのです。複雑そうに見える価値形態論ですが、商品の価値が他の商品の使用価値の一定量によって表現されるというのが基本になっています。この場合、価値が表現される商品（店主が所有する商品）を「**相対的価値形態**」にある商品と言うのに対して、その価値を表現する商品（客が所有する商品）を「**等価形態**」にある商品と言うのですが、交換関係にあるそれぞれの商品は異なった立場にあることだけは注意が必要です。この立場を入れ替えてはなりません。等価形態にある商品の使用価値は具体的に現れている商品所有者の商品の価値を表現する材料になっていて、あたかも鏡のごとくに店主のもつ商品の価値を映し出しているのです。

等価形態にある商品に映し出されたのは相対的価値形態にある商品の価値にほかならないのですが、相対的価値形態にある商品の所有者にとっては等価形態にある商品が本来的にもつ価値であるかのように、だからその商品が**価値物**であるように見えてくるのです。だから商品所有者は交換において他の商品の使用価値の一定量を欲していたわけですが、今や他の商品に浮き出た価値を、別の言葉で言えば価値物である他の商品を欲している、あるいは他の商品が価値物だからこそそれを欲しているという関係になるのです。最初の価値と使用価値との交換関係がこのように転倒して現れるという不思議な関係が貨幣形態で完成することになります。

価値形態論において具体的には相対的価値形態側の立場の商品所有者しか現れていないということは、この価値表現はこの商品所有者の一方的な、個人的な表現であって、相手が実際に現れて、この価値表現で交換の実現を望むかどうかはまだ分からない状態だということです。むずかしい言葉も出てきて、何か分かりにくく思うかもしれませんが、実際に商品をお店に置いて買手を待っている光景を頭に描けば、それほどむずかしくなく納得できるでしょう。

貨幣の出現

貨幣形態であっても、ある商品の価値が他の商品の使用価値の量によって表現されるということ自体に変化があるわけではありません。ただ貨幣形態では、等価形態の材料に最適な金という金属が商品の世界から選ばれます。この場合、実際の歴史では地域により金ではなく、銀あるいは銅であったりもするのですが、それは金属の生産技術や貨幣の流通範囲の問題からそうなったということであり、歴史的にも商品経済の発展とともに究極的に金が選ばれたのです。金の使用価値そのものが質的に変化せず、また質的に変化させることなく量的に細分化できるという、価値の表現材料として最適な性質があるからです。思い出してみてください。「価値」は質的に一様で単に量的にのみ異なる性質をもちました。その価値の性質に適合した素材の性質をもつ金という金属が貨幣という地位についたということなわけです。金はいろいろな種類の商品の異なる大きさの価値を表現するとともに、この金を所有すればどんな商品でも購入できるという特別な能力が与えられることになって、貨幣になるのです。すなわち、金貨幣は金が美術品や工業品の材料としてもつ使用価値とは異なる、あらゆる諸商品を即座に購入できるという商品経済に特有な「形態的使用価値」を鮮明にもつことになるのです。こうして、金という商品の使用価値が本来的に商品経済的な価値物であるかのような外観をもつことになり、そういう金貨幣の表示（表現）によって商品の交換価値は価格になります。

先ほど、「最初の価値と使用価値との関係が転倒して現れるという不思議な関係」が貨幣形態で完成すると話しましたが、とにかく貨幣が価値物になることによって真実が誤って認識されるという不思議な現象が起きてくるのです。その基本的なものが、商品は交換において価値物である貨幣を得ることができるのだから価値をもつ、言い換えれば価値物である貨幣との交換によって初めて価値をもつという認識です。これですと、価値物である貨幣が商品に価値をもたせるということになります。商品自身がもっている価値を貨幣は価格として表現するという正しい認識が、ここでは消え去ってしまっているのです。価値物である貨幣が商品に価値をもたせると同時に、価格をもたせるということになり、価値と価格は同じものという認識、価値と価格の混同・同一視が生まれます。せいぜい価値と価格の区別は、価値は変動する価格の中心価格であるとしておさえられるだけで済まされるということになるのです。実はこのことからほかのいろいろな混同や誤った認識が起きてきてしまうのですが、原理ではその点を、これから順を追ってつぶさに見ていくことになります。
商品の価値と価格とは違うものだと正しく理解されなければなりません。貨幣形態による価値表現も、商品所有者の一方的な、個人的な表現であることは言うまでもありません。それでも今や、商品の価値がハッキリと価格という目に見えるものによってつかまれる段階にまで至ったことになります。そして実際に貨幣所有者が現れて、商品を買うという行為が行われる時点で、その商品の価値表現は一方的な、個人的なものではなくなり、社会的なもの、実際に社会的な関係を通すものになるのです。そこに、売り手と買い手の合意が生まれるということですね。価値表現が商品所有者の一方的な、個人的な表現だというのは、価格による表現が価値以上にも以下にも表現されているということを意味しているわけで、そういう価格を訂正する問題は価値形態論ではまだ扱われません。ということは、まだ商品の価値の確かな位置、すなわちその大きさを価格でもって知ることができるまでには至っていないということなのです。

貨幣を引き出すことについては、これまでは物々交換という歴史のなかで交換を円滑に行うために特定の物品、例えば貝殻、石塊、家畜、塩などが、そして金・銀のような金属が貨幣に選ばれたと説明するのが普通でした。皆さんも学校の教科書などでそのように学んだことでしょう。私なども、小学生の初めの頃に貝殻が貨幣として使われたということを学校で学んだ記憶があります。そういう知識が普通で、それはそれで間違ったことではありません。ところが、このような貨幣の必然性論では価値形態論は出てきません。なぜなら価値形態論は貨幣形態の必然性論だからです。マルクスまでの経済学者は誰も、歴史的な貨幣の必然性論を説くことはあっても、論理的な価値形態論あるいは貨幣形態の必然性論を説くことはなかったのです。価値形態論の出現は、経済学の歴史上、極めて大きな成果を遺したと言っても過言ではありません。マルクスの価値形態論の展開は、彼の長年の苦心のたまものであったわけですが、そのまとまった形としては商品の「交換価値」と「価値」との区別を土台にして、彼の研究の最後の最後に仕上げられたものでした。

マルクスが仕上げようとしていた著書『資本論』は全三巻になります。ところが、私たちが目にする全三巻のうち、価値形態論が含まれる第一巻だけがマルクス自身によって仕上げられました。マルクスがこの第一巻を仕上げる過程のなかで第三巻の原稿が、それに続いて第二巻の原稿が執筆されたものの、これらは未整理の原稿として残されていたのです。これらの原稿はマルクス亡きあと、マルクスの盟友であるエンゲルスの手によって加筆などされたり未整理のまま残されたりして、仕上げられました。ですから、マルクスが生きていれば『資本論』の全体を通して内容が違ったものになっていたとも十分に考えられるのです。重要なことなので、ここでも繰り返しお話しすることになりましたが、こうしたことは皆さんの頭のなかにしっかり入れておくべきことでしょう。

話を元に戻しますが、古典派経済学に学びながらも、価値形態論のない古典派経済学に引きずられてしまったところがマルクスにないとは言えません。マルクスの若い時代の物象化論（人間と人間の間の関係が、自然現象のように物と物の関係として現れることを論じたもの）、人間疎外論（人間がつくり出したものが人間と疎外・対立関係に立つことになり、これによって人間が支配されることを論じたもの）という哲学的視野は、古典派経済学を下敷きに打ち出されたものでした。それでは古典派経済学を乗り越えられませんし、そうした面が彼の後の経済学研究にもマイナスとして残ってしまったように思うのです。彼の哲学的視野は経済学的視野へと変化を遂げていき、価値形態論もその一つになるのですが、彼の価値形態論に物々交換、労働と労働の交換を混在させたことは、まさにそういうものであったでしょう。ですから、マルクスの展開は価値形態論としてまだ問題を残すことになったのです。

価値は社会が成り立つ基準

商品論で考察している商品は資本主義経済の大多数の商品から抽象された（取り出された）商品であり、社会の維持・存続にとって不可欠な商品です。商品ならば何でもいいというわけにはいきません。ですから商品論の商品はすべて交換および売買の基準である価値をもつのです。価値をもつことは前提なのです。なぜ価値をもつのかと問うならば、こうした商品によって社会が経済的に成り立つことになっているからと答えるしかありません。社会が経済的に成り立つためには何らかの基準が必要なのです。

骨董品などの希少な商品の類いでは、明確に価格はもつにしても価値となると不明で、定かではありません。だからそうした商品は商品論および原理の考察の対象にはならないのです。商品は貨幣の量によって価格を付けられることになりますが、貨幣による価格表現はいつでも、必ず商品の価値の表現になっているとは限らないということです。資本主義経済以前の社会に部分的に見られた商品経済のなかの商品を考えれば、このことは理解できるでしょう。そこでは、商品が価値をもつことは明確ではないにしても、貨幣との交換によって価格だけは明確にもつことになっているのです。しかも、資本主義経済のなかにも価値をもつことなしに商品として売買されるものがいくつかあり、これらは原理の別の箇所で考察されることになります。そういう商品の価格の基本的な決まり方には一般商品とは異なる独特なものになります。資本主義経済の維持・存続にとって不可欠な大多数の商品に対しては、価格は商品の価値を表現するものになっているわけです。

価値形態論のなかの転倒した関係が貨幣形態で完成されると言いました。貨幣をもてばどんなものでも購入できる、手に入れられるということで、貨幣はこのうえない価値物となります。そして価値物としての貨幣との交換によってあらゆる商品が価値をもつようになるという逆転した外観さえ生まれます。こうした貨幣による完全な転倒的な外観をマルクスは貨幣の「物神性」と指摘しました。物神性とは、何でもない物質に特別な万能の力が宿ったという不思議な、神秘的かつ幻想的な様子を表しています。

商品の価値が、その商品所有者の一方的、個別的なものであっても貨幣によって価格表現されるということは、言い換えれば商品の価格がその価値を基準にして決定されるということを意味しています。場合によっては価値以上にも以下に価格表現されることはあっても、そのように決定されるということです。しかし、価格というものはそもそも商品の価値だけでなくいろんな要因によって決定され、変動させせられるものなのです。価値をもたない商品にも価格表現は行われるくらいですから、そうであることは容易に考えられます。商品の価値以外による価格の決定あるいは価格の変動の要因としては大きくは需給関係として括ることができますが、それにも原理的に規定できるものと、原理的に規定できない偶然的あるいは対外的なものもあるわけです。少なくとも原理が問題とする商品の無政府的な需給関係については根本的には商品の価値による規制（調整）というものがあるんだということを決して見失ってはならないのです。

「物々交換」ではなぜ良くないのか

次に、マルクスが古典派経済学を下敷きにして価値形態論に物々交換、労働と労働の交換を混在させたことの問題点についてもう少し触れておきましょう。マルクスは価値形態論を展開するのに先立って商品と商品の交換および労働と労働の関係を設定し、こうした交換が行われるのは、商品の使用価値を取り除けば価値が残り、互いに等しい価値および等しい労働量の交換になっているからだということから、商品の価値とは労働量と同一であるとの結論を引き出しています。しかし、価値形態論に入ってもこうした二つの商品の交換関係が設定されてくるのですが、価値形態論ではある商品の価値は他の商品の使用価値によって表現されることが問題になるのですから、ここではマルクスも使用価値の重要性を前面に出してきます。ところが、物々交換、労働と労働の交換を混在させてしまうため、いろいろ問題になってしまうのです。

第一に、マルクスも商品の価値を交換価値として表現する交換関係は数学の方程式と同じであると言っているように、等しい価値どうしの交換、価値と交換価値の等しい交換、そして結局は価値どおりの交換価値の交換ということになって、交換価値による価値表現が価値以上でも以下でもある表現を含むものにはなっていないということです。第二に、価値が労働量と同一なものであるとは、価値の大きさが労働量によって決定されるということですが、そもそも労働量がなぜ価値なり価格という流通形態を与えるのかの明快な答えになっていないということです。

物々交換が行われる際に、あるいは二つの商品を交換するという例の場合、それが等量の価値や等量の労働量どうしの交換であることがどうして分かるのでしょうか。また、そうでなければ交換は成り立たないのでしょうか。交換しようとしている商品所有者にしてみれば、欲しいものが欲しい量だけ手に入ればいいわけです。これが一番の関心事であって、等量の価値や等量の労働量どうしなどというのは、ほぼそのくらいならなおいいということであって、二次的なことでしかないでしょう。つまり、欲しい使用価値を手に入れるということが交換当事者にとって一番大事なことなのです。二商品の交換を等量の価値や等量の労働量の交換とするのは、マルクスにとってのただの都合の良い結論を引き出すための、あまりにも現実性や論理性を欠いた設定でしかないということになるでしょう。

価値形態論に商品所有者がいるのか

これでは、マルクスが商品の価値を労働量に結びつけたことも見直す必要があると言わざるをえません。価値形態論の商品の交換関係を数学の方程式と同じだというのでは、ただ単に紙面上の交換関係でしかないということになってしまいます。それでは商品所有者が登場する場もなくなり、商品所有者の意思は無視あるいは排除されてしまいます。ですから、宇野弘蔵氏はいろいろある問題点の一つとして価値形態論に商品所有者はいるのか、いるべきではないかと問題提議したのでした。それを最初に提議したのは宇野氏が参加した座談会の席のことで、ほかの出席者にしてみればあまりにも唐突な質問であったために、座談会が中断してしまったそうです。

それはともかく、マルクスの価値形態論の場では商品所有者はほとんど登場しないのに対して、彼が価値形態論に続けて新たに設けた項目「交換過程」という短い文章のなかでは当然のごとく商品所有者を登場させたうえで、価値形態論を簡単に再論しています。しかし、ここでの主題は、「交換過程」とあるようにむしろ貨幣の必然性を説くことにあったわけで、商品所有者と価値形態論との結びつきに研究者によって注意の眼が向けられることがなかったと言えるでしょう。マルクスとしてはその生涯の残された時間で彼の価値形態論とこの交換過程論の両方を統一的に整理して、最終的な価値形態論を完成させることができれば一番良かったと思うのです。そして、それを試みたのが宇野弘蔵氏だったのです。宇野氏の問題提議は、交換価値あるいは価格による商品の価値表現が価値どおりのままの表現ではないということ、商品経済の無政府的な価格変動およびそれらを規制する法則性を原理でどう扱うのかということに関わってくるたいへん重要な事柄になるのです。

貨幣の呼び名と金重量

さて、等価形態の位置に価値表現に最適な、黄金に輝く金という金属が諸商品のなかから選び出されることになって、あらゆる商品の価値が金の量によって表現されるという貨幣形態の展開をもって価値形態論が完成されることになるのでした。こうなると、金は他の諸商品と同様に商品として一般の市場で売買される一方で、貨幣でもあるということになります。つまり、金は他の諸商品と同様に商品としてはその価値と価格をもつわけです。それに対し、金貨幣それ自体は他の諸商品と同じ市場で売買されることはない、すなわち金貨幣が金貨幣によって買われることはないので、単なる金商品あるいは他の諸商品と同じような形で価値および価格をもつことにはなりません。金貨幣についてはその価値および価格は独特な規定を与えられてくるのです。

金貨幣の価値、つまり貨幣価値とは、一般に貨幣による諸商品に対する**購買力**を意味します。そのような金貨幣の価値は諸商品の価格変動やその他によっても影響されます。ですから、金貨幣の価値（購買力）は決して不変的なものではありません。絶えず変動にさらされていると言えます。

あらゆる種類の商品がその価値を金貨幣の重量によって価格として表現されるのですが、価格はグラム、オンス、ポンドなどの金の重量名に代えて、あるいは金の重量名をそのまま用いたりして、各国で独自の名称をつけられることになります。これが円（日本）やドル（アメリカ）、ポンド（イギリス）、かつてのフラン（フランス）やマルク（ドイツ）などの貨幣の呼び名、すなわち**貨幣名**であり、また**価格名**です。貨幣名および価格名をつけるということは、金貨幣の一定量を**価格の単位**として決めることになります。日本の円で言えば、１８９７（明治38）年の貨幣法では純金７５０ミリグラムを価格の単位にして円と呼ぶ、すなわち１円とすると定めていました。これを基にしてその金貨幣量の何倍かを幾らと呼び、何分の一かをいくらと呼ぶという国内の価格体系が整えられたのでした。金貨幣は、むずかしい表現になりますが**価格の度量標準**（価格の大きさの単位の基礎になる標準）なのです。物の長さで言えば物差し、またその決まった長さに当たります。今や金貨幣の量はその重量名に代えて価格名（貨幣の呼び名）の数字で言い表され、計算もスムーズに行われることになります。価格は計算の単位であり、あまり聞き慣れない言葉ですが貨幣は「計算貨幣」としての役割をもつのです。

金貨幣の貨幣名および価格名はそもそも何でもいいわけであり、ポンドのように、また昔の日本の「両」のように、金の重量名を用いて金貨幣に貨幣名および価格名が付けられた場合に、それらが実際の金の重量を表さないようになったとしても一向に構わないのです。要するに、１ポンドという重量名の金量と１ポンドという貨幣名および価格名の金量とは必ずしも同じではないということとも生じてくということです。このことは金貨幣が価格の度量標準として価格の単位を決めたり、諸商品の価格を表示したりする役割を何ら妨げるものではありません。

ところで、実は、こうした金貨幣量と価格の単位との関係の法的な取り決めは金貨幣に円という価格および価値（購買力）をもたせることになっているのです。金貨幣も金商品も、金それ自体に区別があるわけではないのですが、しかし金貨幣と金商品とではそれぞれの役割は違うのです。金の価格にしても、金貨幣の金としての価格は国が法的に決めるいわば法定価格であるのに対して、商品としての金の価格は他の諸商品と同様に一般市場で成立する自由価格ということになります。金が商品でありながら貨幣でもあるということ、そして金商品と金貨幣の間で価値および価格が違う、あるいは違うことがありうるということは、金貨幣が抱える矛盾とも言えます。実際、商品としての金も他の一般諸商品とまったく同じというわけにはいかない特殊な商品なのです。それに金貨幣量と結びついた価格の単位に変更があれば、金貨幣自身の価値および価格を変化させることにもなるわけです。

価格の単位を決める金貨幣の価格よりも金商品の自由価格の方が高ければ、金は貨幣であり続けるよりも、貨幣であることをやめて単なる商品になる方が得だという現象も生じます。もっとも、金貨幣にはこのような経済状況を動揺させることがあるにしても、一般諸商品の需給関係の変動と同様に、そういうことは無政府的な商品経済には付き物であると言えるでしょう。

金は工芸品や工業品の材料にもなる商品であるとともに、対外的には「**世界貨幣**」であり、そういう金についての具体的な、細部にわたる考察は「貨幣史」の領域になるのであって、経済学原理の対象の範囲を越えることになります。ただ、ここで話した金についての複雑な事柄あるいは現象はあくまでも諸商品の価格に関わるものであって、諸商品の価値とは関係がありません。この点に注意することもとても大切なことです。実際、貨幣史などで貨幣の詳細に迫ったとしても、あまり原理的な知識が得られるものではありません。せいぜい商品の価格あるいは商品経済の表面的な事柄に眼を向けるにすぎません。原理は、諸商品の価値がどういうものであるかを順次深く究明していくものです。このことこそが重要なのです。

ついでに話せば、価格の単位を決める金量は各国で、あるいは各国相互の合意のもとに定められ固定されるわけですが、その金量は長い歴史のなかでは時を経て変更されることもありました。そういう金量は固定的ではあっても、永久に固定されているわけではないのです。各国の価格が（通貨が）価格の単位の定めを基にして対内的にも対外的にも金と交換（兌換〈だかん〉）される貨幣制度を**金本位制度**と言います。19世紀には世界の主要国で金本位制が採用されましたが、金本位制の弱点は各国間で保有する金の不足、金の偏りが生じると、あるいは金商品の自由価格と各国の価格の単位による金貨幣の価値とに大きな隔たりが生じると、成り立たなくなるということです。第一次世界大戦以降には各国の足並みが乱れることにもなって、１９２９年の世界恐慌の発生とともに金本位制度は停止されました。また、日本の円については、１９４２（昭和17）年の銀行法によって価格の単位を直接に金量と結びつけることは廃止されました。

第二次世界大戦後は主要先進国ではドルを基軸とする一種の金為替本位制度でもあった**管理通貨制度**が採用され、各国の通貨は**固定為替相場制**のもとにドルを通じて間接的に金と結ばれましたが、アメリカが1971年にドルと金との交換を停止したことをもって、ドルを金と結んで基軸通貨とする管理通貨制度は廃止されました。今となっては、各国の通貨は**変動為替相場制**のもとに、今なお資本主義經濟圏はもとより世界で支配的なドルを中心に結ばれるだけになっています。そういう形での管理通貨制度になっているわけです。こうした経済の現状の具体的なこと、また歴史的経過については原理ではなく現状分析などで考察されることになります。

こうした金貨幣の役割が影をひそめた現状はともかく、金貨幣の流通が軸になって商品経済の流通形態のいろいろな現象が生まれていたのは確かなのであり、原理においては金貨幣の流通に基づいて理論を展開することになるのです。それにしても、実際のところ現代であっても、金というものが商品経済的な価値物として求められたり保有されたりする対象物であることに変わりはないのです。事実、ドルと金との交換が停止された現代においてもアメリカを筆頭に、ドイツ、フランス、イタリア、それに続いて中国やスイスなどの国で政府管理のもとに金が大量に保有されているのです。

貨幣による価値尺度の働きと価値法則

では、原理の展開の領域に戻って、貨幣が商品を購入することに始まる貨幣のいくつかの働きについての、また商品の価値についての重要な考察を続けることにしましょう。

貨幣がどんなものであるか、なぜ価値物であり、富の代表者なのか、どんな役割をもっているかは、一応理解できたでしょう。でも、貨幣のことをもっと知るには、次のことを知る必要があります。貨幣はその所有者によって何らかの手段として動かされ、いろいろな働きをします。貨幣にはいろいろな使われ方があるということです。こうした貨幣の働きを経済学では「貨幣の機能」と言います。貨幣の機能には、**価値尺度の機能**（**購買手段の機能**）、**流通手段の機能**、**蓄蔵手段の機能**、**支払手段の機能**、**資金の機能**があります。

この貨幣の機能の「機能」という言葉の意味には注意しなければなりません。この言葉には単に役割・役目ということ以上に、貨幣がその身を動かし、「働く」ということが含まれています。この貨幣の機能論では、貨幣はみんな動いています。動いて役割・役目を果たしているというか、機能・働きを果たしているのです。ここでは貨幣は休んだり、静止していればいいというわけにはいきません。貨幣による商品の価格表現では貨幣は静止して「鏡」の役割を果たしていれば良かったのです。そう、動かなくても「役割」をもち、その「役割」を果たしていたのです。それとは機能論のなかの貨幣は違うのです。

しかも価値形態論における商品の価値の貨幣による価格表現では、まだ貨幣所有者は商品所有者の頭のなかにしかいなくて、実際には現れていませんでした。そこで、今度は貨幣所有者が実際に現れて、貨幣でもって商品を購買するという動きに出ることになります。そこで貨幣はまず商品を購買するという購買手段の機能を果たすことになります。このように、商品売買の実現のイニシアティブ（主導権）は貨幣の側にあるということを知ることが大事です。つまり、商品の交換・売買を実現する動力は、商品の所有者の側にではなく、貨幣の所有者の側にあるということなんですね。商品の所有者はあくまでも「待ち」の姿勢を取っているわけです。もっとも、商品の所有者が商品を所持して市場に立ち、不特定多数の買手に対して商品の売りに出ているという点では、商品所有者の行動は積極的なのです。これは商品経済の無政府性の一面を端的に示すものにほかなりません。

さて、貨幣の所有者が商品を買うことは、記号で示せばG—W（貨幣Gを渡して商品Wを得る）であり、これによって貨幣所有者は自分の欲する商品の使用価値を手にしたことになります。この行為は商品所有者の側にしてみればW—G（商品Wを渡して貨幣Gを得る）になり、商品の価値を貨幣の姿で所有することになります。貨幣による購買が商品売買の実現というそれだけのことであれば、特別どうと言うことはないのですが、それが商品の価格の実現となると、ここでとても重要な貨幣の価値尺度機能が展開されてくることになります。貨幣の所有者が商品を買うことは、商品所有者が商品の価値を一方的に、個人的に価格表現したその価格を、商品所有者と貨幣所有者の双方で社会的に確認し合ったということを意味しています。商品所有者は商品をできるだけ高い価格で、すなわち売れれば価値以上の価格で売ろうとするし、売れなければ価格を下げて、価値以下の価格であっても売ろうとするでしょう。しかし、価格を下げるにしても限度はあるのです。貨幣所有者は商品をできるだけ安い価格で、安ければ安いほどいいという思いで買うでしょう。ある価値をもつ商品の価格は、市場に出してみないと幾らで売れるか分からない。このような状況のなかで、商品がある価格で売れた、買われたということは、その商品の価値を表現している価格が社会的に確認された、またその価格の実現によってともかくも価値の大きさが確認されたということになります。実際に商品の売買を通すことで商品のもつ、商品売買の基準である価値というものをはかり、知ることになるのです。貨幣は商品に対して購買手段として機能しながら、商品の価値を尺度する機能をも果たすというわけです。これによって、商品の価値を、そして価値の量的な大きさを、あくまでも価格の形態を取ってではあるけれども、見ることができるようになるのです。

貨幣が商品の価値を尺度するといっても、あくまでも商品の価値と価格の問題なのであり、価格を価値に近づけることが価値を尺度することになるのです。ですから一度の商品の購買で十分に商品の価値を尺度できるというものではなく、商品の購買あるいは売買の繰り返しによってその商品の価値に価格が近づく（これを「価格の価値への収斂〔しゅうれん〕」とも言います）貨幣の価値尺度の機能が十分に果たされることになります。

商品の価値を尺度する、つまり商品の価値をはかるということを、物差しの長さで対象物の長さをはかるとか分銅の重さで対象物の重さをはかることと同じように考えてはなりません。これらとは違うということは、問題は商品の価格の大きさをはかることではなくて、価値と価格の間で価値の大きさをはかることになるからです。商品の価値を尺度する、はかるというのは、価値を価値で尺度する、はかるというようにはならないのです。商品の価格の大きさを、その価格を表示している貨幣の量ではかり直すまでもないでしょう。それは商品に値札として付いています。しかし、価値の大きさとなると商品に価格が付いているだけでは、その価格が価値どおりの大きさなのか、価値以上あるいは以下の大きさなのかは分からないので、知ることができません。とにかく商品の価格の実現によって、それも価格の実現を何度も繰り返すことによって、価格が価値に近づくことで価値の大きさを知ることになります。まさに商品の価値が売買の基準であり、価格の変動の基準であることを、売買を通して知るということになるのです。

物差しではかる場合には、物差しの長さに伸縮があってはならないわけで、物差し自身の長さは正しく固定されていなければなりません。ところが、金貨幣ではそれ自身の価値（購買力）が変動することは、金貨幣が商品の価値を尺度することに何の支障にもなりません。金貨幣の価値によって商品の価値を尺度するのでもないし、金貨幣の価値は商品の価格を実現することには何の関係もないからです。

価値尺度論の完成は画期的成果

商品がもつ価値、それの貨幣による価格表現、また商品の価値（の大きさ）を尺度する、商品の価値（の大きさ）を決定する、これらは注意深く区別されなければなりません。要するに、商品の価値について、「もつ」「表現する」「尺度する（はかる）」「決定する」という言葉はみな違った内容を指しているのです。初めの二つの言葉は価値と価格を区別するもので、この区別は価値形態論によって明らかにされました。このことがあって、「尺度する」ということも明確になるのでした。「決定する」というのは、本来は、まだ話に入っていない生産論で取り上げるべきことになります。

もともと価値形態論の無いアダム・スミスなどの古典派経済学にあっては、価値と価格の混同はもちろんのこと、結局これらすべてが混同されるしかなかったのです。貨幣による商品の価値の価格表現を貨幣の価値尺度機能と呼んではなりません。何とか価値形態論を展開したものの、まだそれを〈純粋に〉展開するまでには至らなかったマルクスにも混乱が見られることになっていて、それらの言葉の区別を明確にさせることに問題を残さざるを得なかったのです。商品の交換あるいは売買が初めから価値と価値の交換とか、価値どおりの価格の売買になってしまっていては、商品の価値から離れて変動する価格を価値に引き戻すという大事な貨幣の本来の価値尺度機能が問題になりえないことになってしまっていると言えるでしょう。資本主義経済が経済の無政府性でありながら法則性を貫いていることは、マルクスも十分知っているはずです。しかし、そのことを原理のなかで明らかにしていく論理をどう展開すべきかという点で、問題を残すことになったのです。価値と価格の間の関係を取り上げるところでは、経済の無政府性の面と経済の法則性の面の両面が明らかにされなければなりません。流通形態論で、また価値形態論で、商品の価値の大きさを価格表現することにとどまらず、価値の大きさを決定する要因を労働に求めるという、価値形態論ではまだ踏み込んではならない考えをマルクスが踏み込んでしまったことが、いろいろと尾を引いてしまったと言えるのです。

商品の価値の大きさを決定する要因を労働に求める考えを**労働価値説**あるいは**労働価値論**というのですが、労働価値説は原理のしかるべき展開のなかで解明されてこそ十分に証明されるのです。その展開は流通形態論のなかではないのです。労働価値説の証明も、二つの商品交換から使用価値を取り除いたら等しい価値どうし、等しい労働量どうしの交換関係が残ることを理由に商品の価値を労働が決定すると言っただけでは十分な証明にはならないのです。その商品や労働がどんな社会の経済に基づくものなのかが不明であるし、その労働がいつの時代の誰の労働なのかもハッキリしません。これでは混乱を招くことは避けられないでしょう。

これでお分かりのように、従来の経済学による価値尺度論の難点の克服は、価値形態論の展開とならんで経済学史上、画期的な成果を収めるものであったと言うことができます。このことは当然、原理における分配論の展開および理解にも活かされてくるのです。

流通手段の働き

商品所有者、すなわち売り手はみずから商品の売りを実現することはできません。売りの実現については受け身の立場でしかありません。ですから、売り手にとって商品を売ることはマルクスも言うように「命がけの飛躍」なのは確かです。でも、ここで商品が売れないことを問題にしようというのではありません。売買されるということで商品が、また貨幣がどういう動きを示すのかを問題にするのです。

この点は間違わないように、よく注意してください。「売買される」状態で考察されるのは、すでにお分かりのように価値法則による商品売買の調整作用があることを根拠にしているからにほかなりません。このことを誤解あるいは無視して、商品が売れないから経済破綻が生じると主張する経済学者からすれば、商品の供給（生産）が需要（消費）をつくり出すという誤った「セーの販路説（商品が売れる販路はいつでも確保されている、つねに購買者を見つけることができるという考え）」、「セーの法則」そのものではないかと批判を浴びせることになります。この「セー」とは、フランスの経済学者であるジャン・バティスト・**セー**（1767―1832）のことです。しかも、スミスやリカードのような古典派経済学にも「セーの法則」がみられると言うのです。けれども、そういう古典派経済学は商品の価値を理論の中心に置いて、ともかくも経済法則（価値法則）の作用を頭に描いて予定調和の経済の成立を問題にしていたのです。だからこそ、経済学原理の体系が少しずつでき上がることになっていたのです。詳しい判断は控えますが、スミスやリカードをセーまたは後年に「セー法則」と同じ内容のことを主張したとされる古典派経済学解体者のジョン・スチュアート・**ミル**（1806―1873）とこの点に関して同列には扱えないと私には思われます。

商品が売れないから経済破綻が生じるということが現実の経済で、たまたま偶然的・突発的にあり得ることは確かでしょう。しかし、原理ではそういうことは問題にはなりません。原理は経済法則（価値法則）の作用がある世界なのです。

だからと言って、商品売買における「命がけの飛躍」を無視しているわけではありません。無政府的な経済であるからこそ「命がけの飛躍」ということになるのであり、その無政府的な経済を端的に示すのが、まず不特定多数の買手に向かって商品を供給するということなのですね。このまず商品を供給するということが、意味のある行為なのです。

そこで、話を元に戻しますと、貨幣所有者による商品の使用価値を得ることを目的にした商品の購入について社会的な関連を見た場合、貨幣所有者が行う商品の購入G—W、つまり貨幣Gを渡して商品Wの使用価値を得るという行為はその裏側に商品販売者が行う商品の販売W—G、つまり商品Wを売って貨幣Gを得る行為が起きているということであり、その際に貨幣所有者のGはそれに先行する商品の販売W—Gによって得られたものであって、それはそもそも先行してその商品の使用価値を得る購買者がいたからにほかなりません。こうした行為が社会のすべての商品において起きていて、貨幣は価値尺度として機能しながらあらゆる商品を流通させる仲立ちの流通手段としての機能を果たしていることが分かります。W—G—W'（W'は初めのWとは使用価値が異なることを表しています）、つまり他の商品の使用価値を得るための商品の販売という行為の社会的な連鎖が生じていて、商品が持ち手を換えながら流通し、その商品は流通から去って消費されていきます。しかし、貨幣は商品流通の範囲にとどまり、常に商品流通を媒介して流通（貨幣が独自の通路を流れる様子を表現して、とくに「**通流**」とも言います）することになります。そこには商品流通に必要なある一定量の貨幣が存在しているということです。なお、このような流通手段としての貨幣は、また「**通貨**」とも呼ばれることになります。

流通形態論では二つの商品流通が明らかにされます。一つは、このW―G―Wです。もう一つはG―W―G'（G'は価値の増殖や貨幣量の増加を表しています）です。後者は資本の運動ですから、のちに資本の考察の箇所で取り上げられることになります。

さて、当然ながら、諸商品が円滑に流通するのにはそれに必要な流通手段としての貨幣量がなければなりません。これは大きく見れば金鉱山の発見とか、海外からの金の流入、あるいは国庫に保有する金の放出などによる金貨幣の補給にまでつながる問題にもなるのですが、そして当然にこのことも念頭には置くことにはなるのですが、ここで原理的に扱うのは国内における商品流通に必要な貨幣量の自動的な調節に限られます。

そこで、商品流通に必要な貨幣量がどのように決まるのかと言えば、一つはこれが流通する諸商品の価格総額によって決まってくることは明らかですよね。そして、この諸商品の価格総額は商品の変動する価格と商品全体の流通量によって左右されることになります。それだけでなく、同じ貨幣が何度も商品の購入に使われることもあり、貨幣の流通回数（流通速度）が増すほど同じ貨幣が使われる頻度は多くなって、諸商品の価格総額に比例することなく全体的にはより少ない量の貨幣の使用で済むことになるため、この貨幣の流通回数も貨幣量を決める要因になります。この関係を数式で示せば、次のような諸商品の価格総額を分子に、貨幣の流通回数（流通速度）を分母にした分数の数式になります。

商品流通に必要な貨幣量＝諸商品の価格総額／貨幣の流通速度

状況によっては一時的に貨幣量が商品流通に必要な貨幣量以上になってしまうこともありうるのですが、そのような当面使われない余分な金貨幣は当然に商品流通から引き上げられ、場合によっては鋳つぶされて金塊として長期的に保存されることになります。そういう形になったからといって、金貨幣としての価値（購買力）が失われることがないからです。そして、また必要となれば、商品流通から引き上げられていたり保存されていたものが貨幣として商品流通に入り込むことになります。金貨幣には、商品流通に必要な貨幣量に対応した自動調節作用があるのです。

ところで、先の数式からも知られるように、一般には商品の価格によって貨幣量が決定されるのであって、貨幣量によって商品の価格が決定されるのではありません。この点は注意する必要があります。後者の見解は**貨幣数量説**と呼ばれるものですが、それは、具体的な経済状況のなかで貨幣量の増加が商品需要を大きくする影響があることや、また流通手段としての貨幣量の自動調節作用があることを無視したり、貨幣が価値物であることにことさら目を奪われたりした誤った理論と言うほかありません。価値形態論がまだでき上がっていなかった古い時代から、そしてまた価値形態論に学ぶことのない現代の経済学の理論のなかでもしばしば貨幣数量説が主張されたのですが、それでは正しい視野でもって経済学原理の体系を築くことには成功しません。

補助鋳貨や紙幣の流通

金貨幣は、砂金や金塊などの自然のままの金であれば商品の取引ごとに金量を計量する手間がかかるし、頻繁な商品取引に対応するために、金の定量を含んだ貨幣に価格名の付いた鋳造金貨幣として流通することになります。しかし、そういう鋳造金貨幣、すなわち金鋳貨が流通する間に摩損は避けられないし、商品流通の媒介は一瞬のことであるということから、流通手段として機能する貨幣としては金鋳貨である必要はないということで、銀、銅、真鍮、ニッケル、アルミニウムなどの金属でできた鋳造貨幣が、さらには持ち運びに便利な紙でつくられた紙幣さえもが金貨幣に代わって、金貨幣と同じ貨幣名および価格名を付けられて流通するのです。紙幣は貨幣の代理です。金鋳貨に対してその他の金属鋳貨は「**補助鋳貨**」と呼ばれ、金鋳貨を「**本位貨幣**」とするならば、その他の金属鋳貨は「**補助貨幣**」と呼ばれます。補助鋳貨に与えられた貨幣名および価格名は、金鋳貨とほぼ同じ役割をもつ銀鋳貨についてはともかく、それ以外のここに並べた金属の商品としての、素材としての価値または価格とはまったく関係がないと言っていいのですが、これらの補助鋳貨は少額取引に使用されるものであり、そもそも小さな貨幣の呼び名が付けられるのが普通です。紙幣となると、素材的にはほとんど無価値に近いものでありながら、大きな貨幣の呼び名をもつことにさえなります。ですから、とにかく金銀以外の金属鋳貨や紙幣のもつ貨幣の呼び名ははじめから名目的なもの、つまり実質をともなわない名ばかりのものだと考えることができます。貨幣や紙幣にとって大事なことはそれらの価値（購買力）ですから、それでいいのです。この購買力が名目的なものなのか実質的なものなのかが問題なのです。この紙幣が貨幣の流通手段としての機能に基づいて流通するに至ったということは重要なことです。しかも、経済的に必要性があって、金貨幣の代わりに（金貨幣に代位して）、ですから金貨幣の価値をもつことを保証されて紙幣が流通することになったのであって、無理やり流通に押し込められたわけではありません。紙幣には具体的には「政府紙幣」および「**銀行券**」がありますが、銀行券はのちの利子論などで論じるように、銀行が発行した約束手形が発展し、貨幣化あるいは紙幣化したものであって、本来は紙幣とは流通の根拠が異なります。そこで、ここで言う紙幣とは具体的には政府紙幣ということになりますが、貨幣化あるいは紙幣化した銀行券も一面では政府紙幣と同じ性質をもつことになります。

金鋳貨が流通する間に摩損してその金量が減少すれば、金鋳貨の貨幣名および価格名は適量な金量ではかられた実質的な価値を表さないものになって、単に名目的なもの、すなわちただ同じ呼び名が残っただけのものになってしまいます。すぐあとで見るように、こうしたことは紙幣自身にも、流通する紙幣の量を金貨幣の量に対して一方的に増やす形で生じます。金鋳貨には自然的な摩損による金量の減少だけでなく、時には人為的に金量を削り取るという金量の減少もありますよ。金不足や金商品の価格の高騰が原因で金鋳貨の製造の段階で金量を少なくしてしまうことはあるわけです。

摩損それ自体は銀貨や銅貨などの補助鋳貨でも生じることですが、金鋳貨は基準となるべき本位貨幣であるだけに、摩損すれば直ちに適量な金量を含む金鋳貨に替えられることになります。銀貨や銅貨などの補助鋳貨（補助貨幣）の摩損について言えば、もともと金量を含んでいるわけではなく、補助鋳貨の価格名は名目的なものでしかありませんので、物理的に流通に支障がなければそのまま流通しても問題ないということになります。

経済学で厳密に貨幣やそれに類する言葉を定義すると以上のようになるのですが、私たちが日常的に使う慣用語としては「おカネ」あるいは「金銭」と言えば、金鋳貨も紙幣も、さらに銀行券も含めて「貨幣」あるいは「通貨」になります。

インフレーション現象について

補助鋳貨もそうですが、それ自身ほとんど無価値な紙でつくられた紙幣を例に取って言えば、そうした紙幣が金貨幣に代わって流通するにしても、紙幣が商品流通に必要な金貨幣量を超えることなく流通する限り、紙幣に付いている価格名は金貨幣の価値（購買力）に裏づけられた価値を保証されているということになります。つまり紙幣の価格名は金貨幣の価格名と同じであって、紙幣の価値は金貨幣の価値と同じなわけです。ところが、商品流通に必要な貨幣量というのは常に変動を免れません。ですから、紙幣の流通は商品流通に必要な金貨幣量を超えてはならないのが望ましいのですが、それを超えて紙幣が流通することがありうるというのが無政府的な商品経済なのです。流通に必要な貨幣量を超える紙幣の流通自体は商品の価値を尺度する貨幣の機能を妨げるものではないので、価値法則の作用に何ら影響するわけではありません。ですが、紙幣の価値（購買力）の安定を揺るがすことにはなるので、時には社会的な経済的混乱を惹き起こすことになります。

金貨幣は商品流通に必要な貨幣量を自動的に調節することができるのに対して、紙幣はそういう調節をすることができない、つまり一旦流通に入ってしまうと、流通に必要な貨幣量以上の紙幣の量になったとしても商品の流通内で使われ続けられることになります。紙幣は、商品の流通外に出て保存されても、またたとえ金塊の形にされても、そのことで貨幣としての価値が失われることのない金貨幣とは違って、商品の流通外に出てはただの無価値な紙でしかないからです。このため、例えば商品流通に必要な貨幣量の二倍の量の紙幣が流通すれば、紙幣の価格名は金貨幣の二分の一の量しか、言い換えれば金貨幣の二分の一の価値しか表わさないことになります。となれば、二分の一だけ価値が低下した、つまり減価した紙幣に対して商品の価格は二倍上昇することになります。これは紙幣の流通に特有な現象であり、一般に**インフレーション**（持続的な物価上昇。略して「インフレ」とも言います）と呼ばれるものの原理的な規定になります。

経済法則を明らかにする経済学原理としては、インフレーション現象にはこれ以上迫ることができません。現実の経済のなかで生じるインフレーション現象はいろいろな原因が絡み合っています。そのため、インフレーションの定義もいろいろあるというのが現状です。インフレーションという言葉の意味はもともと「膨張」ということであり、それで経済的なインフレーション現象を単純に「通貨の膨張」と理解されることにもなるのですが、それでは紙幣と金貨幣とのそれぞれの流通の違いを無視することになると言えるでしょう。ですから、こうした理解には貨幣数量説が結びつくことにもなるのです。貨幣数量説は金貨幣の流通を紙幣の流通と混同・同一視していると批判されるのは、このためです。

実際の経済では、紙幣の流通には人為的な政府による大量の紙幣の投入ということもあるのですが、持続的な物価上昇というインフレーション現象は紙幣の側の原因だけによって起こるわけではありません。早い話、商品の側で需要が急増したり供給が急減したりすれば、また商品の生産に掛かる費用が増大すれば、商品の価格は目に見えて上昇することになります。それには対外的な貿易問題、外国為替市場での状況なども影響してきます。そうなれば、金貨幣の代位としての紙幣であれ金貨幣そのものであれ、これらの価値（購買力）は価格が上昇した諸商品に対して低下せざるをえません。

終戦時の敗戦国や経済破綻した発展途上国などではハイパワーインフレーションという驚くべき物価騰貴に見舞われたりするのですが、紙幣の急増も含むいろいろな要因が関係し合ってこういうことが起きたりするのです。先に挙げたもの以外にも、紙幣の信用失墜による商品購入への購買者の殺到（買い急ぎ）、買い占め、法的に決められた価格の単位（価格の度量基準）の変更による貨幣価値の切り下げなど、いろいろあるわけです。こういう状況は、原理だけで究明できるものではなく、具体的な経済を考察する経済学が取り扱うべき問題になります。その場合、インフレーションの原因だけでなく、インフレーションが経済や国民生活に与える影響を探ることも重要になるでしょう。

インフレーションこそ資本主義経済の最大の危機であるという見方もありますが、持続的な物価上昇やハイパワーインフレーションと言われる物価の急騰などは無い方がいいに決まっています。しかし、それらの物価騰貴の直接の原因などを探って、例えば物不足が主要な原因であれば、それは物不足を解消する手立てを施せば物価騰貴は落ち着くことになります。物価がとんでもなく桁数の大きな数字になっても、例えば100万円を新1円にするとかして価格名を切り下げる形で変更すれば（これを「**デノミネーション**」と言います）、すべての価格がそうなるわけで、問題は解消されます。すなわち、この場合には価格名だけが変更されるだけで、貨幣の価値（購買力）の変更はありません。

私が思うに、資本主義経済の最大の危機はやはり経済全体に及ぶ信用破綻であり、それが国の財政自身の信用破綻および財政危機に波及し、国際機関による金融援助にもかかわらず経済が立ち直れずに、著しい増税その他で国民に犠牲を強いるようになるときでしょう。

蓄蔵手段の働き

さて、経済法則、そしてここでは価値法則についての話を中心に進めたいので、残りの貨幣（以下、「貨幣」とはその代表である金貨幣のこととして話を進めますが、補助鋳貨や紙幣であっても同じことになります）の諸機能については簡単に説明するにとどめます。商品の流通部面および貨幣の通流部面に対して、そこから外部に出た貨幣がどう向き合うことになるのかということで、貨幣の蓄蔵手段としての機能、支払い手段としての機能、資金としての機能が展開されます。経済学原理の教科書ではそれらの貨幣を「貨幣としての貨幣」と呼ぶことが多く、またそれがそれらの貨幣の機能を束ねる表題にもなっているのですが、それでは日本語として意味が分かりにくいですよね。マルクスはこの言葉をすぐ後で論じる「資本としての貨幣」に対比して使っているのですが、それ自体では意味不明な「貨幣としての貨幣」という言葉を貨幣論のなかでいきなり用いるのはあまり感心しません。

問題は、購買手段としての貨幣、流通手段としての貨幣を論じるところでは商品流通に応じてそのまま貨幣が動いていたのに対して、それが蓄蔵手段としての貨幣以降になると、今も話したように、貨幣は商品流通から引き上げられた状態にあると同時に、そういう貨幣が必要性があって商品流通に入り込む状態にあるということに状況が変わってくるということです。このことが理解されていればいいのです。

貨幣の流通手段機能の考察では、商品流通に必要な貨幣量を超える余分な貨幣が商品流通から引き上げられる、それでも貨幣の価値は保存・保証されることが論じられました。しかし、貨幣はもっと積極的に、価値物であり、商品を購入しうる商品経済的富の代表として、その量的増大そのものを目的に商品流通から引き上げられて蓄えられることになります。質的に一様で量的に異なるという価値あるいは富の性質上、量的に違いがあることに重大な意味があるわけで、まずは商品流通から貨幣を引き上げて貨幣の無限なる量的増大を求めることになるのです。これが蓄蔵（「退蔵」とも言われます）手段としての貨幣の機能になります。簡単に言えば、貨幣には人々をそういう蓄蔵欲に駆り立てる性質があるということです。

ところで、商品流通から貨幣が引き上げられるという場合の商品流通の範囲が原理的には抽象的過ぎて少々分かりにくいのですが、貨幣の代理として流通する紙幣が貯蓄される範囲までが商品流通の範囲と考えていいでしょう。貨幣だと、その範囲を越えて引き上げられて貨幣の形で、あるいは時によっては金塊の形で蓄蔵されることになります。だから貨幣の場合は単なる貯蓄ではないのです。しかし、そうした貨幣の蓄蔵も原理的にはいつでも再び商品流通に入り込むことを予定して蓄蔵されているものとしなければなりません。貨幣が再び商品流通に入るときは、貨幣は購買手段あるいは流通手段としてばかりか、さらに進んだ富ならではの貨幣のその他の機能を果たすことを目的に入ることになります。その一つが支払い手段としての機能なのです。

支払手段の働き

商品を購入しても、その場で購入者が販売者に代金の貨幣を支払わずに、その商品やほかの商品を売って得た貨幣で後から代金の貨幣を支払えば商品売買を完了できるという貨幣の動きが、支払い手段としての貨幣の機能です。ここでは商品売買が掛売り・掛買いという信用約束に基づいて行われることになり、売り手と買い手の間に債権・債務の関係が発生し、約束手形などの支払約束証書が流通します。この証書が債権・債務の関係の連鎖のなかで人の手から人の手へと貨幣のように流通すれば、それは「信用貨幣」となります。そして、一定期間後には債権・債務の関係を清算（決済）するために幾らかの現実の貨幣の出動があるものの、これによってそれまでの間に信用貨幣の流通によってつくりだされた複数の債権・債務関係が相殺されれば、個々の商品売買に必要な貨幣は著しく節約されます。銀行が発行する銀行券も、もともとは銀行が一覧払（手形を提示した日が支払日であるということ）で金貨幣の支払いを約束した約束手形であり、それが貨幣のように流通するに至ったのでした。これに対し、実際の商品取引が行われて使われる約束手形は、特に「**商業手形**」と呼ばれます。こうして、支払い手段の貨幣の機能に基づいて、商品取引の促進・拡大、それに流通に必要な貨幣量の節約が果たされることになります。

このように信用貨幣である商業手形には支払期限があって、一定期間後には債権・債務関係の精算のために必ず現実の貨幣での支払いを強く求められるのであり、そのときには貨幣が絶対的な価値物であること、また信用取引の限度を知らされることになるのです。ですから、支払い手段の貨幣の機能が展開されるには、ある量の蓄蔵された貨幣あるいは遊休状態にある貨幣があることが必要であり、前提になります。

経済に信用の完全保証はない

多少、余分なことを付け加えておきましょう。資本主義経済における商品売買の促進・拡大は信用によって成り立っていると言っても過言ではありません。しかし、信用は貨幣支払いの裏づけがなければならないし、貨幣の支払いの要請があれば、必ず貨幣が支払われなければなりません。それができなければ信用破綻が生じて、経済が危険な状況に追い込まれるわけですが、いくら保証がしっかりしているからといっても、またいくらコンピュータで高等数学を駆使した安全予測を打ち立てても、信用破綻の可能性は絶対に消し去ることはできません。そもそも偶然的、突発的な経済状況を予測できるものではないのです。

このように、貨幣の支払い手段としての機能にみる信用取引も、実際には信用破綻が起きないという保証はありません。しかし、これらを、いわゆる「恐慌の可能性」として経済学原理で説明するのは良くないし、経済学原理が恐慌の原因を生産過程に求めて明らかにするものであることを、曖昧にしてしまうことになるでしょう。なぜなら、経済学原理は、日常的な資本主義経済一般を対象とするものだからです。快晴に近い空に白い雲が浮かんでいても、それは日常・普段の当然の光景であって、その白い雲を指して「台風の可能性がある」とは誰も言わないというのと同じです。

資金の働き

貨幣は質的には一様でも量的に異なるという価値の性質上、貨幣の量的増大に特別な意味を与えられることは先に話しました。が、そのため貨幣の量的増大は無限に求められるのですが、商品流通における売買の中断によって引き上げられるだけの貨幣の量では限度があります。一方、貨幣の量的増大は円滑な商品売買、そして商品売買の促進と拡大にとって大前提です。では、貨幣の量的増大が無限に求められながらも、貨幣を商品流通から引き上げることだけでは貨幣の量的増大に限度があるとすれば、これを解決する道はどのようなものになるでしょうか。それは、貨幣がその無限なる量的増大の実現を商品流通の内部で果たすことによって解決されることになります。貨幣は、今やそういう特別の目的をもって商品流通に積極的に向き合い、商品流通に入り込んでいく働きをすることになります。これが貨幣の資金としての機能です。こうして貨幣は、その量的増大の実現を商品流通の内部で繰り返すことになり、資本になります。

日本語には「資金」という言葉があって、正確な定義もなく用いられていたのですが、ここで話した貨幣の機能に「資金」を当てたのは宇野弘蔵氏でした。これによって、「資金」の定義が正確に、少なくとも経済学的に正確になったと言えるでしょう。そしてそれだけにとどまらず、貨幣が資本になる「貨幣の資本への転化」という理論展開のつなぎの大事な部分が純粋資本主義社会内部の商品流通から必然的に導かれることになったのです。「基金」という言葉もあるのですが、それですと一定期間貨幣を蓄えて動かさないで、十分に蓄えられたうえでそれを基礎に多くの貨幣を借りたり、経済活動に限らず、幅広い活動に貨幣を充てたりするという意味合いが強くなります。やはり「資金」の方が妥当なように思います。

「貨幣の資本への転化」という理論展開のつなぎについてですが、マルクスの場合には、『資本論』での貨幣論の最後の部分は純粋資本主義社会からはずれて、世界市場や対外貿易に眼を向けて、貨幣の「世界貨幣」としての働きが語られていました。金貨幣が世界各国に共通の「世界貨幣」として使用されることは間違いではありませんが、そのことは経済学原理で考察される対象ではありません。経済学の段階論および現状分析など、経済学の他の分野で考察されるべきことなのです。

資本の一般的性質——商人資本的形式

こうして、商品流通のもう一つの形であるG—W—G'（商品を買い、買った商品を売って多くの貨幣を得る）が展開されます。この商品流通では貨幣はすでに資本になっていて、ここに描かれた資本形式G—W—G'は商人資本の性質をもち、別名、**商人資本的形式**と言います。私たちの住む資本主義社会の「資本」とは何か、がこれから順次明らかにされることになります。この資本というものは、分かっているようで、実は正確には理解されていないのです。もっとも、それは商品でも貨幣でも同じことなのですが。

商人資本と言えば、資本主義経済以前あるいは資本主義経済の発生期に活躍した貿易商人を指しますが、原理のなかではそのような歴史上の具体的な商人資本について論じようとするのではありません。ここではあくまでも資本主義的商品経済からその基軸をなす産業資本の一面を取り出した（すなわち抽象した）資本の運動の形式を問題にすることになります。それが歴史上の商人資本の活動と形式的には同じであるということから、こういう名前がついているだけです。ほかに資本形式には**金貸資本的形式**、さらに**産業資本的形式**というのがあります。金貸資本というのも資本主義以前の商品経済において実際に歴史上存在した金貸業を指しますが、ここではやはり資本主義的商品経済から取り出した資本の一面として考察されます。産業資本が、そして資本形式として資本の産業資本的形式が資本主義経済の基軸をなしていることは言うまでもありません。

資本の商人資本的形式G―W―G'は、商品の買いG―Wと商品の売りW―Gを通して買った商品および売った商品の価値の実現とともに資本価値の増殖、貨幣の増殖を実現しており、G―Wの貨幣および商品は単なる貨幣および商品ではなく、資本としての貨幣であり、商品です。W―G'は商品の販売により資本価値が価値の増殖分を伴って回収されることを示しています。この売りと買いの商品流通全体が、資本価値の流れ、資本価値の自己増殖の運動をなしているのです。価値が貨幣や商品の姿を取っては脱ぎ捨てる「価値の変態」（蝶が幼虫からさなぎ、成虫へと成長する変態になぞらえています）と呼ばれる運動を繰り返すわけです。この資本の運動は単純な直線運動ではありません。円運動であり、もっと正確に言えば価値を増殖する永久的に拡大する螺旋運動なのです。

まさしく弁証法的な運動とも言えるでしょう。資本が流通形態として価値増殖を繰り返す運動体であることを示している点で、ほかの資本形式と共通性をもつ代表的な資本形式、すなわち「**資本の一般的形式**」になっています。資本がもともと流通形態であるという認識はとても大事なことです。生産のことを論じないと資本とは言えないとか、資本の性質は理解できないというものではないのです。資本の産業資本的形式になって、経済学原理上初めて生産部面が登場するのですが、あらゆる経済社会に共通な生産部面を流通形態である商品経済および資本が取り込んだ（これを「包摂した」とも言います）のが産業資本的形式であり、資本主義経済であるということになるのです。

その資本の商人資本的形式ですが、G—WやW—Gという商品売買および価格の実現の繰り返しによって貨幣が価値尺度機能を果たしつつ、価値を増殖するという価値の運動になっているのですね。しかし、どのようにして各商品がそれぞれの大きさの価値をもつ（価値を形成する）ことになるのかは依然として明らかにはなっていません。商品が価値をもつことは前提のままです。それに、資本は商品流通の内部で価値増殖をすることになり、原理上、ここで初めてそういう価値増殖が問題になるのですが、なぜ商品売買で価値が増殖するのかという、価値増殖の根拠がこの形式では示されていません。もっと言えば、価値増殖の社会的根拠、合理的基盤というものが不明だということです。価値が価値を増殖するとか、商品が価値で買われ価値で売られると言うだけでは、価値増殖の理にかなった説明とは言えません。形式には価値が自己増殖する形が表れているのですが、自己増殖がなぜ可能なのかは出ていないのです。

価値の増殖分は**剰余価値**と呼ばれますが、この資本の運動をつかさどる資本家であり、また資本の貨幣の持ち手である資本家からすれば剰余価値は資本Gの増殖分ということで**利潤**になります。そして、資本Gに対する利潤の割合は**利潤率**です。要するに、利潤の内容は増殖の根拠が不明な剰余価値なのですが、形態的には商品の購買価格と販売価格の差額、あるいは資本の費用価格と販売価格との差額になり、それが常識的な価値増殖の根拠としてつかまれることになります。価値としては説明がつかない点が商人資本的形式の限界にもなるのですが、価格としては説明がつくことになるわけです。商人資本的形式において資本が投じられて回収され、再度その資本が投じられるという資本循環は**資本の回転**とも言われます。同じ大きさの資本および剰余価値であっても、資本の回転が速いほど利潤率は高くなり、年間などの一定期間の利潤量は増大することになります。

ですから、資本の商人資本的形式は、価値としては価値増殖して剰余価値を生み出すものの、価値増殖の根拠は不明でしかないという一面と、利潤としては要するに商品を安く買って高く売ることによって得られるという常識的な一面とを併せ持つ形式になっているのです。確かに安く買って高く売ることの価格差で利益が得られ、これが利潤であるわけですが、このことから利潤のすべてが、すなわち剰余価値を内容とする利潤までもがそういう価格差によって得られるとか、こういう価格差が剰余価値の根拠だということになると大変間違った認識になってしまいます。

価値増殖の根拠が明確でない資本の商人資本的形式が、安く買って高く売ることによる利益の獲得のためにはあらゆる手をつくすという性格をもっていることは明らかです。この安く買って高く売るということは別な言葉で言えば最小の費用で最大の効果をあげるということであって、商品経済ではこれが絶対的な原則になるのです。金銭的な費用の節約、利潤の増大が求められるのです。そして、安く買って高く売るということが、実際に具体的には商人の運も交えた商才によるものであったり、取引相手を騙したり、取引相手の無知あるいは弱い立場を利用したものであったりすることになり、利潤の獲得の偶然性、不安定さをまぬがれないし、社会的に見ればプラス・マイナス・ゼロで、社会的に利潤が増えたことにはなりません。したがって、資本がこういう価値増殖の根拠が不明な資本形式に依存している限り一社会を支配する資本にはなりえないと言えるのです。商人資本的形式というのは、そういう限界をもった資本形式なのです。

金貸資本的形式で知る資本の性質

では、資本の金貸資本的形式G…G'（貨幣を貸付けて多くの貨幣を得る）を見てみましょう。貨幣の姿をとる価値が増殖を伴って運動します。形式的には一層端的に貨幣が貨幣を生む形になっていて、価値の自己増殖になっています。この形式には商品流通は見られません。資本Gの所有者が貨幣を貸付けるという貨幣の移動があるだけで価値増殖が起きています。この場合、価値の増殖分である剰余価値は**利子**と呼ばれます。資本Gを元金として一定期間にわたり貸付けて利子とともに回収する形になっているのです。資本Gに対する利子の割合は**利子率**となります。しかし、価値増殖を示す金貸資本的形式そのもののなかには価値増殖の根拠はまったく不明でしかなく、説明がつきません。つまり、金貸資本的形式も、価値増殖の根拠をそれ自身のなかにもつ資本形式にはなり得ないという限界をもつ資本形式だと言えるのです。ですからこの資本は、他に貨幣を貸付けるという行為のために他に依存する寄生的性格をもち、相手との外的な関係をとりながら、相手からできるだけ多くの価値の増大を引き出すということになるのです。それだけに、この資本の実際の運動には独立性という点で問題が残ります。

利子では、商人資本的形式での利潤とは違って価値増殖、すなわち得られる利子の大きさが前もって確定的にはなるのですが、価値増殖が貨幣の借り手側の経済状況の良し悪しによって制約されることになります。また、時には借り手側を苦境に陥れることにさえなりかねません。このように、価値増殖の社会的根拠が明確でない資本の金貸資本的形式も、やはりこれ自体で一社会を支配するような資本形式であるとは言えません。

資本の商人資本的形式でも商品が価値をもつことは依然として前提のままであり、さらに資本の商人資本的形式も金貸資本的形式も価値の運動体を示す形式でありながら、両資本形式はどのようにして商品に価値が生まれるのか（形成されるのか）ということも、そしてまた価値増殖の社会的根拠、合理的基盤も不明でした。こうした点を解決するのが資本の産業資本的形式ということになります。

資本主義経済に基本的な資本の産業資本的形式

資本の産業資本的形式はG—W…P…W'—G'（Pは生産過程。商品を買い、その商品を生産過程で消費し、生産した商品を売って多くの貨幣を得る）で示され、もちろん価値の運動体になっています。本来流通形態である資本があらゆる社会に共通な生産過程を内に取り込む形になっているのですね。このことにより、資本の産業資本的形式は商品が価値をもつことを、単に前提にするのではなく積極的に生産過程を通して明らかにすることになるとともに、価値増殖の社会的根拠、合理的基盤をもつことになる資本形式になっているのです。このことは別の言葉で言えば、産業資本的形式において、商品経済が一社会を全面的かつ根底的に浸透し支配する資本形式になるということです。ですから産業資本にあっては、形式的にも、実際においても資本の運動には他に依存することなく独立性が確保されるに至るということになります。それに、商品売買および価格の実現の繰り返しによって貨幣が価値尺度機能を果たすことが全社会的に及び、しかも安定的なものとして確立されることになります。

産業資本的形式の資本は、もはや単なる流通形態ではないのですが、やはり一面として商人資本的形式の資本の性格をもちます。W'—G'で得られる価値の増殖分である剰余価値は資本Gに対して利潤であり、形態的にはこの利潤は安く買って高く売る価格差ととらえられてきます。資本主義経済が商品経済である以上、資本主義経済の基軸である産業資本的形式からそうした流通形態的なとらえられ方を拭い去ることはできません。

この資本形式になると、資本Gが購入し生産過程で消費する商品Wは労働力と生産手段に限定されます。資本の所有者である産業資本家と労働力の所有者である労働者とが登場します。労働者は自分のもつ労働力を商品として産業資本家に販売するのですが、そういう労働者を大量に生み出すことは歴史的に与えられるものであって、賃銀労働者の存在は理論的には前提されるしかありません。流通形態である資本がそのなかから生み出すわけにはいかないからです。とにかく、労働者の労働力が商品化され、それによって生産過程が初めから商品生産を目的とする商品の生産の過程とされ、社会に必要とされるあらゆる物が全面的に商品化されることになります。まさしく商品による商品の生産ということになるのです。

資本の産業資本的形式も価値の運動体を示す形式であるということは、価値が貨幣、労働力商品、生産手段のそれぞれの姿をとり、価値が生産過程を流通し、生み出された商品の姿をとり、再び貨幣の姿をとって価値が回収されるという循環運動を繰り返すということです。それは資本価値の運動であり、資本の運動なのです。ですから生産手段は当然に資本であるわけですが、資本はそれだけではありません。価値増殖する資本の運動を担うものはすべて資本になるのであり、貨幣も、労働力商品も、生み出された商品も資本です。生産過程によって生み出された商品の販売が実現されて、資本価値が剰余価値を伴って回収されます。資本をもともと流通形態なんだととらえることなく、生産手段の所有者が資本家であるという理由から、とかく資本と言えば生産手段であるかのような認識も生まれてきたのですが、これは正しくないです。

ところで、商人資本的形式および金貸資本的形式のそれぞれの資本は、確かに形式として見れば価値が自己増殖している形にはなっています。しかし、いずれもその価値の増殖の根拠となると不明であったし、実際には商品の取引上の価格差、偶然的な出来事、あるいは取引相手を犠牲にするものであったりして、本当の意味で価値の自己増殖とは言えない部分がありました。ところが、産業資本的形式の資本は、価値増殖の根拠を内部にもつことになり、そのことによって本当の意味で価値の自己増殖を実現することになります。

資本の産業資本的形式が生産過程を内部に取り込んだことが、商品の価値を形成することになったり、価値増殖の社会的根拠を明らかにすることになったりすることの詳細は、生産論で考察されるべきことです。ここでは流通形態論としての考察にとどめられることになるのですが、商品価格の無政府的な変動にもかかわらず、商品売買の繰り返しの全社会的な展開のなかで諸商品がそれらの価値を基準にして売買されるという価値法則の作用が確立され、形成されることはハッキリと言うことができるのです。そして、このことがあるから、後続する生産論は究極的な形での商品の価値どおりの売買（したがって価値と価格の一致、また商品の需給の一致）のもとで、すなわちそれを前提にして論じられてくることになるし、さらに資本家間の間の関係を直接に取り上げる分配論においても価値法則の作用を根底に置いて論じられることになるのです。

なお、資本主義社会にはその経済運営を支えるのに極めて重要な**銀行資本**および**商業資本**が出現します。銀行資本はG…G'の活動によって利子を得ることになり、商業資本はG―W―G'の活動により利潤を得ることになりますが、資本主義社会のもとではそれぞれのそうした価値増殖に社会的根拠、合理的基盤が与えられるからこそ、それらは産業資本とともに社会的に存在することができるのです。このことについては、ずっと後で詳しく考察することになります。

3　生産論（商品生産論）から分かること

生産論の構成について

産業資本の資本運動はG―W…P…W'―G'です。生産論では生産過程Pそのものの考察、およびこの資本運動全体と生産過程とが相互にどう関係し合い、どう影響し合うことになっているのかを考察します。まず生産論の構成を掲げ、どんなことが論じられるのかを簡単に見ておきましょう。

資本の生産過程
　労働・生産過程

価値形成・増殖過程
価値増殖の増大の方法
資本の流通過程
資本の再生産過程

資本の流通過程および再生産過程の細かい構成は省略しました。資本の産業資本的形式で話しましたように、変動する商品の価格がその価値を基準に訂正される経済法則の作用が確実にされるわけですから、それによって生産論では商品の価値どおりの売買、つまり商品の価値と価格が一致している状態を前提にして論理が展開されます。ということは、もはや商品の売買そのものが問題ではないということであり、経済法則を通して、普段においては生産された商品が需給一致の形のなかで売られていっているという究極の状態が前提になっているということなのです。この前提を崩してしまっては、価値法則の作用を軽視してしまうことになります。マルクスも資本の生産過程の考察では商品が価値どおりに売買されることが設定される（つまり想定される）ということになると言っています。しかし、なぜそういう設定になるのか、十分に理解できる説明にはなっていませんでした。やはり、マルクスの貨幣による価値尺度論が良くなかったと思うのです。貨幣による価値尺度論が申し分なく展開されていれば、資本の生産過程で商品の価値どおりの売買を設定する根拠がハッキリします。貨幣による価値尺度論の申し分ない展開は、経済学原理にとって、そしてそれは先に話したように生産論の考察にとってだけでなく、分配論の考察にとっても、画期的な出来事であったと言えるのです。

もっとも、価値法則の作用の貫徹が前提されるといっても、資本主義経済には好況、恐慌、不況などの景気の循環を生じさせることになります。けれども経済学原理ではそうした景気の循環が、価格の調整によって解消されることになる商品の売買の行き詰まりが原因となって生じるのではなく、生産過程そのもののなかに原因があることを明らかにするのです。この場合、商品の売買の行き詰まりは結果でしかないのです。結果でしかない商品売買の行き詰まりが、私たちの眼には原因であるように映ってしまうのです。それでは事の真実・真相は明らかになりません。確かに現実の経済では商品の売買が何らかの要因によって景気の悪化をもたらすということはあります。そういう要因は必然的なものだとは言えません。偶然的な要因によるものであって、そういうものまで解明することは、経済学原理の課題ではないのです。経済学の現状分析などで明らかにすべきことになります。

資本主義経済は、順調に生産し、順調に経済を営んでいる普段から、商品を社会的需要以上に、また時には以下に生産、供給していて、それが過度に行き過ぎれば価格を下げたり上げたりして訂正し、生産、供給を調整しているのです。例えば好況期に商品の大きい需要を見込んで大量の商品の生産に踏み切ったとしても、それは商品が売れているからできることなのであり、それによって勢い余って生産し過ぎてしまったのであれば、商品の価格を下げて、売れるようにすればいいだけのことです。商品の需要がないのにいつまでも過度に生産し続ける資本企業などありえないでしょう。生産論が商品の価値どおりの売買、需要と供給の一致を前提に論理が展開されることをしっかり考えてもらいたいものです。

それで、生産論の概略を説明しますと、最初は資本の生産過程が考察され、まず労働・生産過程を見ることになります。ここで初めて労働なり、生産が論じられることになります。労働・生産過程はあらゆる社会に共通な経済的基礎なのですが、ここではやはり、資本主義経済から抽象された、そういうあらゆる社会に共通な労働・生産過程が取り上げられるのです。そうであるからこそ、鮮明に物事がつかまれてくるのです。

続く価値形成・増殖過程で、資本の生産過程という資本の運動に包まれた生産過程の内部の解明が始まります。価値形成過程は労働価値説および価値法則の展開の根幹になります。そして、社会成長の動力となる、利潤の内容である剰余価値の生産も資本の生産過程において明らかにされます。

資本の流通過程の考察は、資本の価値の流通には時間あるいは期間を経て資本が回収されてくるのであり、価値増殖の増大には資本の回転が関係してくることを論じます。資本の再生産過程の考察では、剰余価値が資本として投じられるという資本の蓄積が取り上げられ、再生産には単純再生産と拡大再生産があること、資本の蓄積を踏まえた拡大再生産にも二種類の方法があって、この二種類が景気の好況局面と不況局面において交互に行われることを明らかにします。ここにおいて資本主義経済に特有な人口法則も展開されます。

また、全社会の生活資料生産部門と生産手段生産部門の各商品の再生産と生産部門相互間の価値の流通が「再生産表式」によって示されます。こうして、全社会から見た資本主義経済における価値法則の確立が論じられるということになります。

人間が労働するとは

人間が労働するとはどういうことを指すのでしょうか。あるいは、労働とは何でしょうか。そうむずかしい質問ではありませんが、経済学ではしっかり理解しておくことが重要です。資本主義経済の生産過程を考察するにあたり、あらゆる社会に共通な生産過程を資本主義経済から抽象したものを取り上げて、最初に自然と人間の間の物質代謝過程（人間が生活に必要な食料その他の物資を自然から得て、消費することで生命維持をはかる過程）である**労働過程**を論じます。これにより、労働が何かを知ることになります。

人間は生活に必要なもの、社会に必要なものを、自然に対して労働という形で働きかけて自然を変え、自然から得ます。人間は得られたものを消費し、この自然と人間の間の関係を繰り返し続けることになります。私たちの身の回りにある物品を見ても、元は石油資源であったもの、山林などに生える木や植物であったもの、鉱物資源であったもの、動物の毛や皮など、自然そのものであったことが分かります。まさに自然のものから得てきているのです。労働とは人間のもつ労働力というエネルギーの消費を言います。労働力はいろいろな目的に合わせて何でもつくることができるという能力です。このような能力は人間にしかありません。例えば、マルクスも言っているように、蜂は六角形のたくさんの穴から成る自分たちの巣を綺麗につくるけれど、それは蜂の労働によるものとは言えませんよね。蜂は、それしかつくることができないのです。蜘蛛が見事な自分の巣をつくるのも同じです。農耕や運送に使われる牛はどうでしょうか。牛が労働をしているわけではありません。牛の引っ張る強い力を人間が利用しているだけです。牛は引っ張ることしかできないのです。人間だけでなく機械だっていろんなものをつくるんだと、あたかも機械が労働するかのようなことを言う人もいるけど、縦や横に動いたり、また回転したりするなどの機械の動きを人間が利用しているに過ぎません。人間と機械を同じように扱っては、何もかも分からなくなってしまいます。

人間は労働する場合、自然という**労働対象**に対して道具や機械などの**労働手段**を使って労働をします。すでに人間の労働が加えられた労働対象は**原料**と呼ばれます（原料のうち、製品にもとの形が残るものはとくに「材料」と呼ばれます）。例えば、海に泳いでいる魚は自然そのものですが、網で捉えられて缶詰などに加工される魚は原料です。山林に生えている木は自然そのものですが、伐採され紙にされる木は原料です。労働対象でも自然そのものなのか、自然に人間の労働を加えた原料なのかという区別はとても重要です。小麦をつくるための土地が自然そのものであることはいうまでもありませんが、その土地にいくら土地改良のための人間の労働が加えられたとしても、その土地が原料であるわけではなく、改良された土地は自然そのものです。土地でも、土を掘り出して煉瓦や器などの焼き物にされる土は原料になります。原料でも、それを形づくる物質が製品に入り込まない、例えば機械を動かす石炭、電気、潤滑油などは**補助原料**になります。

前に話したように、ウィリアム・ペティは、土地は富の母、労働は富の父、そして労働は富の能動的要素だと確信していました。これだけをみれば、これは実にうまい表現だと思いますね。しかし、植物が育成するのに不可欠な要素として土地があることは間違いありませんが、その植物もそのままでは自然そのものですし、土地は自然力によって植物を生み出したのです。その植物に人間にとっての有用性を見いだすのは人間ですし、その植物を労働によって自然からはぎ取り、加工するのは人間です。とにかく、「労働」と言えば、深く語らずとも人間が自然から物を得る行為であることは言うまでもありません。労働とはそういうものなのです。ところが、アダム・スミスのように、商品の価値との関わりで労働を論じながらも商品の交換の側面ばかりに目を奪われていては、せいぜい労働と労働の交換の関係ばかりが問題とされ、踏み込んで自然と人間の間の物質代謝過程を十分に論じるまでには至りません。労働過程を経済学で取り上げることは、簡単なようで、そうでもなかったと言えます。マルクスもスミスのそういう点に影響されたことはすでに話した通りですが、マルクスがその著『資本論』で生産過程を考察することにおいて、独自に「労働過程」という項目を設けてそれを展開したことはとても意義深いことなのです。

人間によく似た猿だって、餌を自分の方に取り寄せるために棒切れを道具として使うことに驚かされます。もちろん、それは猿が道具を労働手段として使っているわけではありません。マルクスは、蜂よりも建築士が優れている点として、建築士はつくる前に頭のなかで建築していることを挙げ、人間だけがいろいろな目的に合わせて合目的的な労働をする例として付け加えています。こうしたマルクスの指摘はいろいろなところで注目され、また利用さているのですが、その一つが人間の主体性を扱ったフランス哲学者ジャン・ポール・**サルトル**（１９０５―１９８０）の提唱する「実存主義」の考えのなかにも見られます。

生産物はどのように生産されるのか

労働で自然に働きかけて得られた生産物にしてみれば、労働過程は生産物が生産されてくる「**生産過程**」になります。そして、労働対象と労働手段はともに生産物が生産されるのに必要な「**生産手段**」と呼ばれます。この生産過程において、労働力と生産手段は生産の二要因ということになります。今日、生産の三要素として労働、土地（自然）、それに機械・道具・原料などの生産手段（資本）の三つが挙げられたりもするのですが、労働過程、生産過程、資本の生産過程が混在したとらえ方になっていて、それは正確なとらえ方ではないと見ることができます。農産物の生産や牧畜、造林などに利用される土地（自然）は労働対象であるとともに、生産手段です。資本を生産手段に限定するのは間違っていることは、もう話しましたね。

ところで、生産物には使用価値があり、労働力と生産手段の消費によっていろいろな使用価値をもつ生産物が生産されてきます。生産物が労働力の消費である労働によって生産されるということは、それぞれの生産物にはその生産に必要な労働量あるいは労働時間が含まれていることを意味しています。各生産物には生産物のいろいろな使用価値を生産する質的に異なる労働が含まれることになるのですが、労働のこの側面を「**具体的有用労働**」（単に「有用労働」と言う場合もあります）と呼びます。一方、どんな生産物にもそれぞれの生産に必要な労働が含まれていて、生産手段を用いて生産された生産物にはその生産物を生産するために直接に労働力が消費された労働だけでなく、生産手段に含まれ、生産手段が消費された部分の労働との合計の労働が含まれることになります。このような質的に一様で量的に異なるという労働の側面、言い換えれば労働時間の長短のみによって異なる労働の側面を「**抽象的人間労働**」と呼びます。そして、これらを**労働の二重性**と言います。労働にはこうした二面があるということです。

このように社会のなかのそれぞれの独立した別個の具体的有用労働も、実は抽象的人間労働としては相互に社会的な結びつきをもっていることが分かります。もっとも、社会のなかのすべての労働がこの抽象的人間労働の側面で労働時間による労働の計量が行われるためには、全社会の労働が生産技術の発展により単純・簡単労働として均一化されていることが必要であり、原理的にはそうであることが前提になります。古い時代の、例えば熟練を要する職人労働にも単純・簡単労働が土台にあって、この認識も大事ですが、そうした土台のうえに年季の入った熟練・複雑労働を伴うことになっているのです。このような社会の場合には単純・簡単労働が労働の一般的な形というわけにはいきません。単純・簡単労働としての労働の均一化にはやはり生産技術の発展が必要になります。労働に対する労働時間のみによる評価というものは、単純・簡単労働が社会的に一般的になっていることを前提にして成り立つものであると言えるでしょう。

生産の社会的結びつきと剰余生産物

社会が必要とする生産物において、それぞれ独立の種々な具体的有用労働が抽象的人間労働としては社会的な結びつきをもっていること、また社会の全労働が大きくは生活資料と生産手段のそれぞれの種類の生産物を生産する労働に分かれ、労働者がそれぞれを専門に担っていることからも分かるように、労働者及び労働は社会的分業の編成のなかで配置されています。

もともと商品経済は社会的分業によって自然に発生したわけではありません。商品経済は共同体と共同体の間で発生したのであって、そうした商品経済の発生とは関係なく、共同体内の経済には農業と工業の間の未発達な社会的分業はあったのです。そして、生産手段は共同的に利用されることもあれば、社会の支配者によって独占されて労働者に貸し出されたりもしたのです。とにかく生産手段の分配はあっても、最初から商品交換を通す関係であったわけではないのです。ひとたび商品経済が共同体内に浸透することになれば、社会的分業の拡大とともに、ますます商品経済の発展が推し進められる面があったことは確かでしょう。アダム・スミスの分業論や生産論にはこうした認識に問題があったと言えるし、スミスには生産力の発展あるいは職業の分化という視点から社会的分業と工場内分業を一括りに混在して論じるという展開の不十分さもあるので、注意が必要です。

労働者の一日の労働を「**労働日**」と呼びますが、それがまるまる一日の24時間ということはあり得ません。生身の労働者が労働力を消費して労働する以上、たとえば12時間とか8時間とかいうことになるのですが、そうした一日の労働時間によって労働者が一日に必要な生活資料を得る、あるいは生産するということしかできないということはないのです。特別に生産物の蓄えが必要となれば、一日分の生活資料を得る労働時間を超えて労働をすることになります。労働日のうち、一日分の生活資料を得る労働および労働時間を「**必要労働**」および「**必要労働時間**」、それを超える労働および労働時間を「**剰余労働**」および「**剰余労働時間**」と呼びます。剰余労働によって生産される生産物は「**剰余生産物**」です。剰余労働および剰余生産物は社会発展の基礎であり、なくてはならないものと言えるでしょう。社会は非生産的な人口と言われる生産物の生産者ではない人々、例えば僧侶、教育者、軍人、高齢者、疾病者などによっても構成されています。そういう人々を養うためにも、社会的には剰余労働、剰余生産物は必要になるのです。

労働日が何時間になるのか、そのうち必要労働が何時間で、剰余労働が何時間になるのかは、生産技術に基づく生産力によっても左右されますが、それだけではなく労働者が置かれている社会の要請によっても左右されるということになります。生産力が増大すれば必要労働時間は短縮し、その結果として労働日も短縮して一日の労働が軽減するということもあれば、労働日は変わらずに剰余労働時間が延長されることも生じます。労働日と生産力が変わらなくても、剰余労働時間を短縮する分だけ必要労働時間を延長することになれば、多種あるいは多量の生活資料を得ることができ、労働者の生活を向上させることができるということにもなります。労働者の生活水準が上がって、生活が豊かになるということですね。

このようにあらゆる社会に共通な生産過程のなかに労働者の剰余労働はあるのです。そして、そのことが社会発展の基礎であるということは話しました。しかし、剰余生産物を生産するこの剰余労働がどのような社会的人間関係のなかで行われるかで原始共産制、古代奴隷制、中世封建制、近代資本制などの社会制度の歴史的変遷が見られたのであり、経済社会の支配者、あるいは労働者と経済的利害の対立関係にある他の者の手によって剰余労働が利用されることになれば、この経済社会は階級社会ということになるのです。ここに掲げた社会制度のうち、原始共産制以外はどれも階級社会です。奴隷と奴隷所有者、領主と農奴の各関係は、目にも明らかな階級関係でした。賃銀労働者と資本家の関係は、目には見えづらい階級関係です。なぜそうなのかは、後で話します。

一社会を階級社会と見る視点を、特定のイデオロギー（政治経済思想、意識形態）のせいにするのは間違っています。階級社会であることを科学的に事実として認識することと、階級社会の善悪をイデオロギー的に判断することとは、まったく違ったことなのです。階級社会ではないとするならば、それは科学的に証明される必要があります。社会について語ることにおいて注意すべきは、そうしたイデオロギー的判断をする場合にも言えることですが、科学によって明かされた事実および真実が基礎に置かれていなければならないということです。

生産過程で価値が生まれる

以上の労働・生産過程を商品経済化させるに至ったのが、資本主義経済です。生産過程は資本の生産過程となります。では一体、資本主義経済において商品の価値は何によって、どのように形成あるいは決定される（「規定される」とも言います）のでしょうか。これを明らかにすることは、経済学上、大問題です。商品の価値がどのような役割をもつかは、ある程度話してきました。商品の価値が、変動する価格を訂正し、商品の売買および需給を調整する役割をもつということでした。生産にまで眼をやれば、商品の生産と消費を調整することになるし、そのことは全労働者を社会的に必要とされる生産過程の各部分に配置するとともに、諸商品の生産に必要な労働量および労働時間に無駄が出ないようにすることになります。経済社会の活動が安定的に遂行され、経済社会の維持・存続がはかられることになるのです。商品の価値はこのような重要な役割をもっているのです。だから、商品の価値はそういうもの全ての「基準」としてあるのです。

資本の生産過程が示しているように、これは商品による商品の生産の過程であり、生産されるすべての生産物が商品になっています。資本の生産過程の主体は、労働者ではなく資本およびその人格表現である資本家です。労働者は資本の運動に組み込まれて生産物を生産する労働を行うことになるし、ここで生産された諸商品も資本家の所有物になります。これらの諸商品が生産物としてはそれらの生産に必要な労働時間（これが実は「社会的に必要な労働時間」であることは、順次明らかになります）を含んでいることは、すでに話した通りです。ここでは商品の価値を決めるものを探るのであって、価格を決めるものをあれこれ探るわけではないので、商品の使用価値に対する欲望、商品の効用あるいは希少性が問題にならないことは明らかです。

そこで注目されるのは、資本の生産過程で資本は労働者の労働力を商品として購入するわけで、資本が労働力の代価として賃銀を労働者に支払うという点です。実は、このことによって生産されるすべての生産物が商品化されることになると同時に、生産物ではない特殊な労働力商品が一般商品とは異なる特殊な仕方でその価値を労働時間に結びつけられ、そして一般商品の価値がその生産に必要な労働時間によって形成あるいは決定されることになるのです。すなわち、資本が生産した生活資料のうち、労働者は労働力の代価としての賃銀で労働者の生活に必要な部分の生活資料を確保する、あるいは購入する必要があります。つまり、労働者はみずから生産した生活資料を資本家から買い戻すわけです。労働者には労働力を売って生活資料を得ることが生活の必要条件ですから、労働力という商品の価値が労働者の生活に必要な生活資料を得られることによって、さらに言えば労働日のうちの必要労働時間によって生産された部分の生活資料を得られることによって、決定されるということでなければなりません。労働力の代価であり価格である賃銀はそのことを可能にするものでなければならないのです。こうして、必要労働時間の一時間当たりの賃銀が決まり、このことに基づいてあらゆる商品の生産に必要な労働時間がそれらの商品の価値を決定するわけです。

商品は、その生産の労働時間にして幾らになるかを計算され、その値段に相当する価値を含むということになるのです。これによって、**労働価値説**（**労働価値論**）が論証されたことになります。労働力の価値が必要労働時間と関わっていること、この必要労働時間が賃銀によって価格表現されることが、軸になっているのです。

労働時間による商品の価値決定は、これを通じて資本家と労働者の間の関係はもちろんのこと、資本家同士の間の関係をも、そしてまた社会のあらゆる人間関係を、経済法則の一つである価値法則によって強制的に規制する、言い換えれば法則の力の作用に合わせるように制限することになります。資本家同士の自由競争の行き過ぎがあれば価値法則によって規制され、社会の維持・存続がはかられるわけです。

話したように、商品価値の決定を説くものに効用説、希少説がありますが、これらは単なる生産物にも共通する商品の使用価値に対する商品の買い手側の欲望の程度を重視するもので、**主観価値説**と言われます。名称は価値説ですが、実は価格しか問題になっていません。せいぜい価格の中心が価値だということで終わっています。中心価格を価値と言い換えているに過ぎません。これに対して、労働価値説は**客観価値説**と言われます。ある意味では費用説あるいは生産費説も、生産力による商品価値の変動を認める限りでは客観価値説と言えますが、費用説あるいは生産費説では結局のところ利潤を商品がどれだけの価格で売られるかという観点でしか説明しません。それ以上の説明はできないのです。これは後で話をする剰余価値論に関わることですが、結局は利潤を商品の価値以上での販売だけでしか問題にすることができないことになってしまいます。それでは正しい価値論とは言えず、主観価値説と同様に単なる価値論なき価格論でしかありません。

ところで、労働価値説を論証する箇所では、労働者が生活に必要な生活資料を得ることができる賃銀が金額としてどれだけのものに決定されるのかということは扱いません。賃銀額は社会的に与えられたものとして、前提になっているのです。賃銀の決定の問題は扱うべき箇所で論じられる関係にはなっているのですが、多少先取りして話しますと、賃銀を変動させる、あるいは決める要因としてとりあえず二つ挙げることができます。労働力商品の需要供給、それと労働者が生活に必要とする生活資料の価格（価値でないことに注意）の二つです。第一の要因は、労働者の「**実質賃銀**」を決めることになります。第二の要因は「**名目賃銀**」を決めることになります。労働価値説を論証する箇所では、これらの賃銀の決め方があるなかでいずれの要因によるものかは関係なく、ある大きさの賃銀が決定されているのであり、言い換えれば賃銀の大きさは与えられたものとして前提されているのです。

話しは変わりますが、現実の賃銀が実質賃銀としてどれだけになるかは、名目賃銀から物価上昇分を差し引けば得られることになります。ですから、統計的には例えば名目賃銀の指数（ある年を100とした割合を示す数）を消費者物価指数で除すと（割ると）実質賃銀の指数が出るとも説明されてくることになります。しかし、数字を出すだけでは実質賃銀と名目賃銀について本当に明らかにしたことにはなりません。つまり、それらの内部に踏み込んだ関係性を明らかにすることはできないように思います。

労働価値説および労働力の売買の歴史性に注意

労働者の労働力の価値に対して賃銀が支払われることが明確になるのは、資本主義経済になってからのことなのです。だからこそ、労働価値説は資本主義経済の生産過程のなかで論証されなければならないのです。労働価値説は資本主義経済以前の社会で通用するものであるという誤った考えをもつ人がいるのは、今日でさえ珍しいことではありません。

労働する生身の労働者自身を商品として売買あるいは転売するのは、奴隷制社会にありました。そして、そのように生身の労働者自身を商品として売買するわけではありませんが、賃銀形態をとって、労働者の労働に対し賃銀が支払われるという職人の世界というのは、資本主義経済以前の社会にもありました。その場合の賃銀は職人の手間賃、あるいは分かりやすく言うと労働者の特別な技能に対する代価であったわけで、職人の世界では、資本主義経済の労働者のように労働の時間売りで労働力が商品として売られて賃銀が得られるというのが社会的に普通であったとは言えません。

スミスも、リカードも労働価値説を展開しましたが、資本主義経済について論じながらも、労働による商品価値の決定についてスミスは歴史性の不明な「商業社会」という枠組をはめることになり、理論の混乱もあって結果的に、資本主義経済とはかけ離れた「初期未開の社会状態」に追いやるという誤りに陥ってしまいました。一方、リカードはスミスの理論の混乱を正す方向に向かいますが、労働価値説は「初期未開の社会状態」に限らず、資本主義経済にも妥当するという形で労働価値説を貫こうとしました。そういうリカードも、基本的な価値と価格の関係を解決できていないことが尾を引いて、資本主義経済における価値法則や、それを論じた価値論および労働価値論の「例外的な修正」を認めざるを得なくなってしまうのです。つまり、簡単に言えば、正しい理論を維持できなくなってしまったのです。マルクスにあっても、こうした問題をまだ完全には乗り越えることができなかったことは、これまでに話しましたし、これからも話すことになります。

なお、スミスに関連して次の点を注意しておきましょう。二つの商品の交換関係を問題にする場合、これを労働と労働の交換と見る限り、その労働が自然のなかから生産物を獲得してくる労働、つまり労働過程の労働であることは言うまでもないことなのです。前に話したように、労働といえば労働過程の労働なのであって、両者は切り離せない関係なのです。ただ、労働からさらに踏み込んで自然と人間の間の労働過程を論じることになるかは別問題なのであり、商品の交換関係に強い関心のあったスミスには労働過程に触れる痕跡はあったものの、労働過程を十分に論じることはできなかったのです。そんなスミスは、価値と価格の混同のうえに、商品の交換関係のなかで労働による価値決定をしたために、詳細は省略しますが「投下労働価値説」のほかに「支配労働価値説」という二面的な労働価値説を展開してしまい、スミスのこの点の説明はかなり混乱して、きわめて難解な文章になってしまっています。スミスが支配労働価値説の側に積極的であったなどというのは、どうでもいいことなのです。積極的な主張だから、その主張なり理論が正しいわけではありません。商品交換を主眼とするのか、商品生産を主眼とするのか、この点の整理の仕方を問題にして理論を展開しないことには、理論を正しく体系的に仕上げることには至らないのです。

生産過程で価値が増える

すでに話しましたように、労働者は一日の労働によって、一日に必要な生活資料を得るために行う必要労働以上の剰余労働を行うことができます。資本の生産過程としては、労働者の労働を必要労働にとどめておくことには何の意味もないのであり、当然に労働者の剰余労働、これによって生産される剰余生産物および剰余価値を得ることが目的になります。価値増殖の社会的、かつ合理的根拠は、この労働者の剰余労働にあるのです。商品が価値によって売買されながらも価値増殖が実現される根拠が示されるわけです。まさに価値の自己増殖ということが、ここで明確に示されてくることになります。

そこで、資本の生産過程では一日の労働時間である労働日の労働によって生産されてくる諸商品には、労働力の価値の部分と剰余価値の部分が含まれることになります。労働力商品は生産物ではなく、本来は価値をもつものではないのですが、特殊な仕方で価値をもつことになり、労働力の価値と剰余価値という二つの価値をまったく新しく、すなわち労働者が労働するたびにつくりだし、商品の価値を形成するのです。もちろん労働には生産手段が使われるので、生産手段の消費分の価値が商品に形成されます。生産手段の価値はもともと生産手段に含まれていたもので、この労働のなかで新しく生まれたものではありません。ですから、生産手段の消費分の価値は、新しい商品に生産手段から価値移転されることになるのです。価値形成のこの違いに基づいて、労働力に投じられた資本を「**可変資本**」、生産手段に投じられた資本を「**不変資本**」と呼びます。前者の資本は資本価値を変化させ増殖するということから、後者の資本は資本価値を変えずに移転するだけということから、そう呼ばれるのです。

剰余価値をｍ、可変資本をＶ、不変資本をＣとすれば、生産物である商品に含まれる全価値（これを「**生産物価値**」と呼びます）はＣ＋Ｖ＋ｍであり、新しくつくられた価値（これを「**価値生産物**」と呼びます）はＶ＋ｍです。この新しくつくられた価値Ｖ＋ｍは統計上の国民所得という言葉の意味に近いものになります。しかし国民所得という概念は、商業などの第三次産業で得られた、生産物の形をとらないサービス活動の所得をも含むものになっています。また、国民所得というのは、もともと労働者の賃銀所得と資本の所得とを単純に「所得」で同列に扱う常識的な概念でしかありません。それはともかく、ｍ／Ｖは「**剰余価値率**」を表します。また、ｍ／Ｃ＋Ｖは利潤率を表すことになります。

労働者の一日の労働のうちの必要労働部分に関わる労働力の価値部分は労働者に賃銀として支払われますが、労働者の剰余労働によって生み出された剰余価値部分は生産手段の所有者である資本家の所有物になり、このことが資本主義経済の階級性を示すことの源になっているのです。

階級社会というと、資本主義経済の古い時代ならともかく、株式会社制度の発達した20世紀以降の資本主義経済には株式の大衆所有、株式会社の所有と経営の分離（所有と支配の分離）が進むため、そぐわないという意見があるのですが、それは資本主義経済のあくまでも外見的な変化であって、階級社会であることの事実および真実を否定できるものではないのです。資本主義経済が階級社会であるといっても、そもそもこのことは明確には外見に現れてきません。商品経済そのものの人間関係は、自由・平等の関係であり、資本主義経済もこの関係によって覆われてきます。せいぜい、労働者の雇い主と労働者との、あるいは賃銀を支払う者と支払われる者との利害の対立的な力関係として具体化するくらいでしょう。また、経済学が階級性を明らかにしても、それが階級対立を煽ることを目的にするものでないことはもちろんです。資本家が「悪い」と言うのでもありません。可能な限り労資（労働者と資本家）協調をはかるか、対立して事に当たるかは、あくまでも当事者の問題になります。労資は「労使」（労働者と使用者）とも書き表されます。

剰余労働によって生産され生み出される剰余価値は資本家の所有するところとなりますが、すでに話したように、もともと剰余労働は公共の建物およびサービスの充実、科学の発達、不生産的な労働者でありながら社会的貢献に必要とされる教育者、僧侶、軍人などの生存には不可欠であり、またすでに話したように社会発展の基礎となるものであり、社会的にはなくてはならないものなのです。そういうあらゆる社会に不可欠な労働者の剰余労働が資本主義経済では資本家が所有する剰余価値となって現れます。資本の生産過程で剰余価値が生産されている以上、そうならざるを得ないのです。そういう剰余価値が資本家の所得として、労働者その他の者の所得と同様に、公共サービスなどのために「平等」のもとに課税によって社会的には所得の再分配が行われるのですが、それはともかく、資本家は剰余価値を自身の生活の維持に充てるほか、より多くの剰余価値の獲得を目指して、資本の生産過程の拡大のためにも充てることになります。商品の生産によって剰余価値を生み出すのは、確かに労働者であり、資本家は直接に商品を生産する労働はしませんが、商品を生産するにあたって、いろいろな作業はします。その作業の報酬として、資本家は剰余価値の一部を得ることにもなっているわけです。ただ、資本家も労働者と同じように労働して生産物を生産しているとか、利潤はすべて商品を販売する段階で生み出されることになると考えるとすれば、それは間違いなのです。剰余価値の発生源と、剰余価値が資本家の所得の源泉であることとは区別されなければなりません。

それにしても、資本家と労働者の間が対立的な利害関係にあることは言うまでもありません。労働者の賃銀は労働者の労働の必要労働によって生産された生活物資を得ることができる金額で支払われなければなりませんが、それができない金額であれば、労働者からの賃上げ要求は強くなり、資本家と労働者の対立が具体化します。賃銀が実質的に低下すればそうなるということです。ただ、賃銀の決定については、そういう対立の力関係の背後に、社会的な許容範囲というものが経済自身の内部から形成されてくることは知る必要があります。

社会主義経済は、資本主義経済とは根本的に経済制度が違って、計画経済を目指します。したがって、そこでは物品の流通も国の統制下のもとにあるのですが、資本主義経済では資本家という企業家は企業の運営に何もしていないという誤解に基づいて、生産物を直接に生産する労働者だけで企業運営ができるとした考えで国づくり社会づくりをしていたとすれば、それは大変な間違いでしょう。今日では商品経済のシステムを限定的に取り入れた社会主義的「市場経済」の道に進んでいることもあって、生活必需品の生産において、生産物を直接に生産することのない優れた人材を企業のなかで育成することに力を入れていくことになるのでしょう。

また誤解を避けるために話しますが、経済学原理では商品の価値を決めるものは何か、商品の価値がどういう意味をもつのかを中心に考察を進めるので、商品の価値を決める要因にはならない商品のもつ使用価値（有用性、用途）そのものを取り扱うことはありません。しかし、商品として、そのデザインなどはどうでもいい、考える必要がないとしているのではありません。そういうものは別問題であって、装飾性、商品の販売力あるいは商品の価格には関係してくるでしょう。かつての社会主義国では生産物のデザイン性などには配慮することが少なかったようにも思うのですが、それでは近代化の歩みが阻まれることにもなるでしょう。

剰余価値を増やす基礎的方法は何か

資本は価値の最大限の量的増大を求めるのですから、剰余価値を増大する生産方法が展開されることになります。可変資本に対する剰余価値の割合が剰余価値率でした。そこで剰余価値率を増大する方法としては、とりあえず剰余価値そのものを増やすか、可変資本を減らすかということになります。可変資本を減らすことは労働者数を減らす、あるいは労働者の賃銀を労働力の価値以下に下げる、さらには労働力の価値そのものを下げることになりますが、剰余価値を生産する労働者の数を減らせば剰余価値そのものが減ってしまうので、それはあり得ません。労働者の賃銀を労働力の価値以下にすれば労働者の生活は困窮してしまいます。剰余価値を増やすための労働の強化についても同じことが言えます。労働力の価値以下への賃銀の切り下げと労働強化とは、資本の節約と有効利用を求める資本家にしてみればいずれも常に望むものですが、それらの実行は一時的にはあり得ても、常用することは基本的に無理なことです。では労働力の価値そのものを下げるのはどうかと言えば、これは資本のなしうることであり、その方法も原理で取り上げられる重要なものになるのですが、ただこれは社会的な生産技術の改善を伴うことになり、資本としてもいつでもなしうることではないということになります。そこで剰余価値率の増大の方法としてまずは一日の労働時間である労働日のうちの剰余労働を増やすという、すなわち労働日を延長することによって剰余労働だけを延長するという方法がとられることになります。これを「**絶対的剰余価値の生産**」と呼びます。これが資本主義経済では剰余価値率の増大の方法の基礎になります。これに対して、労働日は変わらずに必要労働を短縮して、その分だけ剰余労働を相対的に延長するという方法があり、これが労働力の価値そのものを下げることを可能にします。この方法を「**相対的剰余価値の生産**」と呼びます。この方法によって資本主義経済は不動の発展の力を得ることになります。すなわち、この方法があるからこそ資本主義経済は確立することになります。

剰余価値の生産を増大して剰余価値率を高めるには、まずは必要労働時間以上に労働日を延長して剰余労働を増やすことが行われます。ですから、この労働日を延長する絶対的剰余価値の生産が剰余価値の生産・増大の基礎になります。ところが、労働者は生身の人間ですから、労働日の延長には制限があります。労働者の労働や日常生活に支障をきたすほどに労働日を延長することはできません。そこで資本としては、一定の剰余価値率を前提に剰余価値量そのものの増大をはかって、この労働日の延長に対する制限を雇用労働者の数を増加することで克服しようとします。この場合、雇用労働者数の増加に対応した可変資本の増大に比例して剰余価値量が増大している間はいいのです。しかし、労働力商品は資本が一般商品のように直接に生産して増やすことのできない特殊な商品です。ですからこのような克服の仕方も、やがて労働力の供給の制約、そして労働力の供給以上の労働力需要の増加を招いて賃銀（実質賃銀）の上昇を生じさせ、可変資本の急激な増大をもたらすことになります。そうなれば、可変資本の急激な増大に比例して剰余価値量は増えることはなく、剰余価値を増大する試みがかえって剰余価値率を低下させることになってしまいます。雇用労働者の数を増加することによっては労働日の延長の制限を克服できないことが、明らかにされるのです。

こうした実質賃銀の上昇と剰余価値率の低下については、さらに「資本の再生産過程」の考察や利潤論、利子論で内容が盛り込まれて取り扱われる重要な事柄になります。ここ剰余価値論では、生身の人間の労働力が商品化することの矛盾および無理が絶対的剰余価値の生産の制限にもなる関係にあることが理解できればいいのです。ただ、ここで言うところの賃銀の上昇が実質賃銀の上昇であり、労働者の生活水準を改善し高めることになるのですが、ここに一つ問題があります。それは、この賃銀の上昇を宇野弘蔵氏の見解のように、労働力の価値以上への賃銀の上昇とするのがいいのか、そうでなく労働力の価値自身の上昇とすべきではないかという問題です。私の見解は後者になりますが、実は後者のような問題提議は研究者の間でこれまでなかったように思います。私は、労働力の売買は原理の全体においてその価値どおりの売買が基本であると考えます。私の幾らか詳細な説明は、またあとの「資本の再生産過程」の考察のなかですることにしましょう。

生産力が高まるとどうなるのか

資本が、労働日の延長の制限および労働者の賃銀上昇という制約を克服して、剰余価値の生産を増大させる方法は、労働日のなかの必要労働を短縮して剰余労働を相対的に引き延ばす相対的剰余価値の生産です。その必要労働の短縮は、新しい生産技術を導入した新生産方法の改善をはかって生産力を上昇させて、労働者の生活に必要な生活資料を生産するのに要する労働時間を減少させることによって可能にされます。すなわち、労働力の価値自身を低下させれば良いのです。労働力の価値以下での売買ということではありません。こうして、労働力の価値による売買を前提にして、労働力の再生産に支障をきたすことなく剰余価値の生産を増大し、剰余価値率を増大させることができることになります。

労働者の生活に必要な生活資料とは労働力の再生産に必要な生活資料ということです。そういう生活資料の生産に要する労働時間を減少させるには、直接に生活資料を生産する生産部門（生産企業部門）において生産力の上昇が生じるか、生活資料を生産するための生産手段を生産する生産部門において生産力の上昇が生じるかすれば達成されることになります。ということは、高額な奢侈品の生産部門や軍需品の生産部門で幾ら生産力が上昇したとしても、それがそのまま生活資料の生産に寄与し、労働力の価値の低下、その結果としての社会的な剰余価値率の増大に結びつくわけではないということになります。もっとも、軍需品の生産部門でつくり出された先端技術が生活資料やそのための生産手段の生産に応用され、社会的な剰余価値率の増大に結びつくことはないことではないのですが。

労働日の延長も、労働力の価値の低下も当然に資本が望むところのものであり、労働日の延長は資本の生産過程全体、すなわち全生産部門において実現されてくるのですが、労働力の価値の低下およびそれによる相対的剰余価値の生産が全生産部門で実現されるには、必ず資本による個別的（個人的）な生産力の上昇を通さなければなりません。個別的な生産力上昇から社会的な生産力上昇へという形をとることになるのです。そういう生産力の上昇は生活資料生産部門であれ、生産手段生産部門であれ、同一の生産部門内で、言い換えれば同種の商品を生産する生産部門内で生じることになります。それが労働者に必要な生活資料の価値を低下させる影響をもつことになれば、その結果として、全社会的に労働力の価値を低下させ、資本の生産過程全体において相対的剰余価値の生産を推し進めることになるわけです。そしてその場合、資本にしてみれば特別な困難を伴うために、いつでも自由になしうるということにはならないのです。

では、この同種商品を生産する生産部門内でどんなことが起きるのかを見てみましょう。

生産力を高めるとは、そういう生産技術を可能にする新しい機械を導入して生産方法を改善するということです。同種の商品が従来の生産方法で生産されるのが普通な状態のなかで、ある資本が新しい機械を導入して生産方法を改善したら、どうなるでしょうか。同種の、さらに言えば同種同質の商品は一つの同じ「**社会的価値**」をもつべきところに、生産方法を改善した資本の商品はその生産に要する労働時間を減少させた「**個別的価値**」をもつことになります。ある商品の価値は社会的かつ中心的なものであり、そのような商品の価値は個別的価値に対して社会的価値と呼ばれるのですが、それはその商品を生産するのに社会的に必要な労働時間によって決定されます。すると、それより少ない労働時間によって決定される小さい（低い）価値の個別的価値をもつ商品が依然として社会的価値のままで売られることになり、生産方法を改善した資本は自身のもつ商品に含まれる剰余価値以外に、社会的価値と個別的価値との差である「**特別剰余価値**」を得ることになります。実は、この特別剰余価値を得ることが、生産力の上昇、生産方法の改善をもたらす資本の個別的な（個人的な）行動の直接の動力・動機なのです。

しかし、資本が特別剰余価値を得られる期間は限られます。つまり、新しい機械の導入による生産方法の改善が同種商品の生産部門内で社会的に普及すれば、商品の社会的価値そのものが低下し、この場合の個別的価値が社会的価値になって特別剰余価値も消失することになります。こうした状況のなかで労働力の価値の低下も実現されるのであって、その結果として社会的に相対的剰余価値の生産が行われることになるのです。価値増殖の増大を求める資本が、なぜ生産力を高めて商品の価値を減じるようなことをするのかが、こうして明かされることになります。

そして、労働力の価値を低下させる相対的剰余価値の生産はあらゆる種類の商品の生産について生じるのですが、生産力を高めるために新しい機械を導入して生産方法を改善することはどの資本にとっても旧来の機械や設備などの本格的かつ全面的な更新を招くことにもなり、とにかく大量の資本投下を余儀なくされるので、いつでも、容易になしうることではありません。生産方法の改善は、絶対的剰余価値の生産および労働者数の増大が資本の価値増殖の運動にとって妨げとなるに至って初めて行われるという性格のものなのです。しかし、資本主義経済としては、相対的剰余価値の生産方法の確立によって資本が直接に生産できない労働力商品の確保を可能にすることになり、社会の存立基盤を完成するのです。

こうした理論展開でも表現されていることは、最小の労力でもって最大の効果を達成するというあらゆる社会に共通な経済原則が、直接的には、その商品経済的表現でもある最小の費用でもって最大の利益を上げるという形で貫かれているということです。また、商品はある価値をもち、同種同質な商品について見ればみんな同じ一つの社会的価値で売られる関係にあるということです。商品の価値とは個別的価値との関係で言えば社会的価値のことであって、この社会的価値を基準に商品の価格が上下に変動したり、また規制されていること、また商品は基本的に個別的価値ではなく社会的価値で売られるということ、さらに言えばこの社会的価値自身が変化することは価値法則の問題になります。それに対し、個別的価値によってではなく社会的価値によって決定される価格に合わせて同種同質な商品がみんな同じ価格で売られるというのは、一物一価という商品経済の原則の問題になります。私は一物一価の「価」は価値ではなく価格を意味していると考えるのですが、実際、それを裏づけるかのように、一物一価の方は積極的かつ本来的には分配論のなかで取り上げられてきます。生産力の上昇で言えば、労力の節約という経済原則を実現する生産力の上昇はあらゆる社会に共通してあるものですが、それが特別剰余価値を得ることに駆られて全社会的に、そして強制的に実現されるというのが資本主義経済なのです。それがあって、資本主義経済では生産技術が、そしてその面での自然科学の研究と応用が急速に発達したのです。そしてこのことは、生産力の上昇は労働日の短縮や労働の軽減と関連をもちながらも、資本主義経済ではそれらに直接結びつかないことを示してもいるのです。

特別剰余価値の問題点――宇野氏による改良費説――

さて、ここに一つ問題があります。それは特別剰余価値についてそれを「価値」と呼ぶ根拠は何かということです。生産に必要な労働時間が減少している個別的価値をもつ商品が、余分に労働時間が投じられていないのに特別剰余価値が得られるとするのは、労働価値説の視点からおかしいのではないかというわけです。要するに、小さな（低い）個別的価値をもつ商品がより大きな社会的価値をもつ商品として売られることで生じる、その間の価値差（これは現象的には価格差となって現れます）だけで特別剰余価値が得られるというのですから、当然、納得できる説明が必要だということになります。

特別剰余価値の発生を説いたマルクスは、その根拠を社会的に平均的な労働よりも「自乗された労働（強められた労働）」に求め、ゆえに大きい価値をもつのだとしていました。これに先立ち、マルクスは、同様の見解によって複雑労働は単純労働よりも大きな価値をもつと論じていました。しかし、特別剰余価値は単純労働が一般的であるなかで得られるものであり、それに個別的価値と社会的価値との差の間に実際に労働が入り込んだ痕跡があるわけでもないので、マルクスのこうした説明で問題が解決されることにはならなかったのです。

この問題の解決には、私が思うに、「価値」を労働なり労働時間に関わらせることばかりにとらわれてはなりません。すでに「商品論」で明らかになったように、商品のもつ価値というものはあくまでも商品経済に、それも正確に言えば資本主義的商品経済に現れる流通形態なのであり、そういうものとしてとらえられなければなりません。質的に一様で単に量的にのみ異なるという性質であり、商品の交換（売買）の基準だという以外、価値の内容は何も分からないままにとらえられるものであることは確かなのです。そして「商人資本的形式」の考察では、資本は価値増殖を伴った価値の運動体であり、その価値増殖は剰余価値と呼ばれるとされ、ここでも価値の内容については明らかにされることなく、流通形態論としてあるがままに価値は規定されていたのです。

もともと商品がもつそういう価値が、その内容（難しい言葉では「実体」）を初めて明かされるのは「生産論」に入ってからのことになるのですが、そこではあらゆる社会の経済過程に不可欠で共通な労働・生産過程を基礎に、そこで投じられる人間（労働者）の労働が価値の内容をなすものとされたのでした。このことが特別剰余価値の問題にどう関わるのかと言えば、特別剰余価値は価値（社会的価値）と価値（個別的価値）の差から生じ、特別に多くの労働あるいは強化労働が加えられたということはないのですが、あらゆる社会に不可欠な労働・生産過程に共通に見られる事態が資本主義的商品経済では特殊な価値の現象となって現れているということなのです。

つまり、そういう両者の価値と価値の差そのもの、言い換えれば労働時間と労働時間の差というものはあらゆる社会の労働・生産過程に生産力の上昇が発生すればそこに当然に存在するものなわけで、どんな社会でも一般に生産力の上昇の発生で起きる労働時間の差を社会的に生産力の上昇の社会的普及の動力として役立てることになります。資本主義的商品経済では、労働・生産過程一般に起きる労働時間の差が価値差となって現れるのであり、価値と価値の差の間で得られるものも、労働・生産過程一般に存在することを根拠に価値と、それも特別剰余価値と呼ぶことができるし、そう呼んでもいっこうに構わないと思います。先に話したように現象的にはこうした価値差は価格差として現れるのですが、またそうであるから分配論の市場価値論の方で再び取り上げられることになるのですが、単なる価格差ではありません。価値差という内容を伴った価格差なのです。特別剰余価値を含んだ価格差なのです。実際、社会的価値よりも小さい個別的価値をもつ商品はその価値（同種商品の価値、つまり社会的価値）以上の価格で売って価値を増殖するのではなく、その同種商品の価値どおり（社会的価値どおり）に売って価値を増殖するのです。その価値の増殖分が特別剰余価値になります。

それで、資本主義的商品経済では、そのようにして得られる特別剰余価値を使ってやはり生産力の上昇の社会的普及の動力として役立てることになるのですが、生産力の上昇の社会的普及に生じる費用の側面から、特別剰余価値の根源を「改良費」に求める見解を出したのは宇野弘蔵氏でした。宇野氏の考えの基礎には、労働価値論の展開もそうですが、なぜ労働が商品の価値の内容（価値の実体）になるのかと言えば、その労働はあらゆる社会に共通な労働・生産過程で投じられている労働だからだという強い思いがやはりあるのです。そういう労働だから、資本主義経済では商品の価値となって現れていると見るのですね。ここから進んでさらに宇野氏は、労働という具体的な形に限らず、あらゆる社会で必要となる経済的な「負担」というものが生じれば、実際、生産方法の改善・普及に必要な「負担」もそういうものになるのですが、そういう「負担」が資本主義経済では金銭的な費用となって商品の価値の内容に加えられ、それが特別剰余価値として得られることになると論じたのでした。宇野氏は、こうした着想を与えられたのはマルクスが『資本論』における「資本の流通過程」の展開のなかで流通費用を扱った部分であったと語っています。資本にとって生産費用とは別に必要となるこの流通費用については改めて後で話すことになりますが、マルクスは流通費用を商品経済にのみ特有な費用と、そうでない、あらゆる社会で必要な負担となる費用とに分け、後者の費用だけが商品の価値として加えられ回収されるとしていたのです。

宇野氏は、資本主義経済において生産力を高める生産方法の改善・普及のために必要な一切の費用を「改良費」と名づけました。このような「改良費」はどんな社会であっても必要とされるもの、負わなければならないものです。資本主義経済では特別剰余価値を資本が個別的（私的）に得る形を通して、そしてこのことが動力となって生産力増大の普及が社会的に推進されることになっているると見たのです。しかし、それはそれでいいのですが、マルクスにしても宇野氏にしても費用の価値化について問題になっていたのは労働に対して支払われる費用の価値化であったはずです。そうであれば、その説明だけでは、労働が入る余地のない価値差である特別剰余価値の根源について十分な解決を導くものにはなっていないようにも思えるのですが、ただ「費用」というものに着目して、その「費用」はどんな社会であっても生産過程での生産力増大の普及に欠かせないものとしてあり、だからそうした「費用」は資本主義経済では価値となって現れることになると説く宇野氏の考えに、「資本の流通過程」の内容が役立ったのだろうと推察できます。

宇野氏と河上肇氏

余談になりますが、私は原理の研究において独創的な問題や解決を提議する宇野弘蔵氏に影響を与えた先人あるいは師という人物がいたとしたら、誰であったかを考えたことがあります。私は、河上肇（１８７９―１９４６）という研究者が『資本論』の価値形態論について論じた書物を読んだとき、取り組み方と言うか、眼の置きどころが宇野氏に似ていると感じたものです。今やその内容がどんなものであったかは忘れましたが、のちに宇野氏が自分の価値形態論の研究に入るキッカケを与えられたという意味で河上氏から影響を受けたことを対談で話しているのを知って、なるほどと思ったものです。もちろん、宇野氏による価値形態論の純化および体系化という重要な成果が宇野氏自身の探究と洞察力によるものであることは言うまでもありません。ところがこれとは別に、この河上肇氏には商品の価値の内容である労働について考察した論文などがあって、商品の価値の内容を「費用価値」（これは不正確な表現ですが、「価値に匹敵する費用」というくらいの意味でしょう）とか「社会の犠牲」、「人類の犠牲」と言い表し、それらがいずれもあらゆる社会に共通な労働・生産過程との関連性を重視する見方で語られていたのでした。どんな社会にもある労働がなぜ価値に、価値の内容になるのかの根本を考えていたわけです。河上氏の見解は世の研究者の間で議論を呼び起こしました。ある論者は、河上氏の意図を誤解して、道徳性（思想性）を持ち込んでいるとか、商品経済あるいは資本主義経済を永遠化するものだと河上氏を批判しました。しかし、河上氏の意図は、商品の価値に匹敵するもの、言い換えれば商品の価値の内容をなすものがあらゆる社会に共通な生産過程にもあるのであって、それは社会や人類にとっての費用であり犠牲である、逆に言えばそうした費用や犠牲が資本主義経済では価値の内容となっている、というものだったのです。

河上氏による商品の価値の考えを宇野氏がどう受け止めたのかについては、ある対談のなかで宇野氏が簡単に触れているところはあるのですが、それだけではハッキリとは分からないと言うしかありません。ただ、何か興味を魅かれる問題があるようには感じていたようです。私自身は、河上氏の見解はたいへん興味深いものとして心の奥底に深く残るものになりました。河上氏のように、労働を社会や人類が支払う「費用」や「犠牲」に置き換えて、そうした費用や犠牲が価値の内容をなすと考えると、おもしろいではないですか。そもそも労働とは労働力のもつエネルギーの消費であり、支出なのですよ。まさに、別の言葉で言えば「費用」であり、「犠牲」なのです。そういうものの代償として価値があることになります。アダム・スミスは、労働を「トイル・アンド・トラブル（労苦と煩労）」と呼ぶことがありました。ともかく、そういう価値に関連して、経済原則や商品売買および社会が成り立つ基準としての価値につながってくることになります。河上氏自身は思想性の強い人物であったようですが、河上氏の学究的には自由で柔軟な思考は宇野氏にも通じるものがあるように思うのです。

特別剰余価値の問題にも関係することですが、資本主義経済だからといって、根本的にはほかの社会の経済と違ったことをやっているわけではありません。もっと気軽に考える必要があります。ただ、資本主義経済では経済法則の作用を通してやっているという点で違うわけで、中身はほかの社会の経済と同じことをやっているのです。特別剰余価値の問題もその一つであり、それについて言えば、労働時間の差が流通形態である価値の差として現れているだけのことであって、資本主義経済で特別剰余価値として現象してくる問題は、どんな社会の経済であっても見られ、また問題になるものなのです。社会を考え研究するうえにおいて、このことはとても大事なことなのです。

生産力を高める生産方法のいろいろ

資本主義経済は**機械制大工業**を出現させ、生産力を飛躍的に上昇させて労働の節約を極度に推し進め、労働力の価値の低下、相対的剰余価値の生産の増大を達成することになりました。機械制大工業での労働者の作業、生産力を高める生産方法（相対的剰余価値の生産方法）を抽象的なものから順次取り出すと、**協業**、**分業**（工場内分業または技術的分業）が得られます。それらについての詳しい内容はここでは省略しますが、生産力上昇をめぐるそうした理論の展開において歴史的事実を参考にするものの、それを歴史的な発展段階を追っているもののように考えてはなりません。そう考えてしまっては、歴史そのものを誤って理解してしまうことにもなるでしょう。資本主義経済の典型的な発生を導いた「資本の原始的蓄積（本源的蓄積）」の過程の一翼をなす「囲い込み運動」を軽視することにもなります。ここで考察する協業や分業はあくまでも資本主義経済の工場の、したがってその機械制大工業の性格をとらえるものになっているのです。つまり、ここで取り上げる生産方法のそれぞれが生産力上昇にどう関わっているのか、また労働者の作業にどう影響するのかを原理的に探ることが大切になります。

まず、生産力の上昇について整理しておきましょう。生産力とは言い換えれば労働の（労働による）生産力ということですが、そういう生産力が上昇するとは、同じ労働時間に生産される生産物の量がより多くなるということであり、また同じ生産物の量がより少ない労働時間によって生産されるということでもあります。前者の場合には生産物全体の労働時間は変わらず、ゆえに価値も変わらずに、個々の生産物の労働時間、そして価値は減少します。後者の場合には生産物全体の労働時間が減少し、ゆえに価値が減少して、個々の生産物の労働時間、そして価値も減少します。ですから、いずれも生産力の上昇についての同じ表現、ただ言い換えの表現であるようにも見えるのですが、違いはあるのです。前者では生産物全体の量が増えるので、その生産物に対する需要が増えるということも前提にしなければなりません。そうでないと、社会的に必要な生産物の量以上に生産されることになって、生産物の価格は価値以下に低下してその価値は実現されなくなってしまいます。これでは生産力が上昇しても何の意味もありません。後者では需要の変化はありません。理論展開のなかでは、生産力の上昇のどちらの場合を設定するのか、どちらでもいいのかということの配慮は必要になるでしょう。

また、生産力に似た「**生産性**」という言葉があります。これらは同じでいいのか、使い方に区別はあるのかという、これまであまり注意を払われてこなかった問題があります。生産性の意味は生産力よりも幅が広く、生産力と同じ使い方を含みながらも、そうでない使い方もあるというように私には思われます。生産力を高めることには生産物量の増加以外に必ず生産力上昇に伴う「労働の節約」が生じます。生産性を高めるということであれば、生産を（生産力でなく）高める、つまりただ生産物量を増加させることだけでいいわけで、それならば一日の労働日を延長するとか、労働者数を増やして生産物量を増加させても良いことになります。この場合、生産力上昇を伴う労働の節約はありません。このぐらいの区別はあるということになるでしょう。

単純に幾人かの労働者を集めた協業や作業を細分化した分業でも、労働者が使用する生産手段としての道具の共同使用、その他作業の効率化によって労働の節約が生じます。機械制大工業では労働者が協業、分業の組織に配置されるだけでなく、機械そのものが協業、分業の組織に配置されます。機械は労働者の労働を質的に均一化するとともに、単純化します。機械装置は動力機、配力機、作業機（道具機）から成っていて、作業機は労働者の労働に代わって作業することも、また作業能率を格段と高めることも可能にします。一台の機械でたたく、延ばす、曲げる、切るなど、幾つもの道具の役割をこなすことにもなるのです。

機械の生産には多くの労働時間を必要とし、機械は大きな価値をもちます。最小の費用でもって最大の利益を上げるために、言い換えれば剰余価値率の増大のために、資本は機械の使用にも、労働者に対する使用と同様にできるだけ無駄にしないことに気を配ります。機械には、その価値の**物理的**（物質的）**摩滅**と**道徳的**（社会的）**摩滅**とがあります。摩滅は「摩損」とも言い換えられます。前者は機械の自然的消耗による価値減価であり、後者は新しい機械の出現による従来の機械の価値減価です。このため、時には機械は昼夜を問わず運転されることにもなって、そういう機械に従事する労働者に対する労働強化のほか、労働日の延長などを生じさせることにもなります。

今日では人工知能（ＡＩ）コンピュータを搭載した機械あるいはロボットが労働力不足を補うためや危険作業を支えるために採用されることが話題になったりするのですが、こうした機械やロボットの価値が労働力の価値よりも小さくなれば、労働者はこれらにとって替えられることになるでしょう。機械やロボットの製造や修理に労働者は必要なわけで、労働者が工場からまったく姿を消してしまうことはないわけですが、労働者が職を奪われていく事態にもなりかねません。今や、世界的にこのようなことが問題になっています。しかし、一体全体、あらゆる産業で機械やロボットが大半を占めるような社会というものはありうるのでしょうか。そういう社会は存続しえるのでしょうか。まず、資本主義経済ではそういう社会は存続しえないでしょう。なぜなら、労働者が生み出す剰余労働もなく、したがって剰余価値もないような、そして資本が生産した生産物を買う労働者がいないような社会などは考えられないからです。商品の流通部面で得られる利潤だけに依存するのでは社会が成り立たないことは、資本の商人資本的形式の考察で説明したとおりです。

賃銀形態の隠蔽性とは

資本家と労働者の間で労働者の労働力が商品として売買されるのですが、労働力商品は一般商品がその生産に必要な労働時間によって決定される価値をもつのとは違って、本来は価値をもちません。労働力商品は生産物ではないからです。しかし、労働者は労働力の維持・回復のために、労働日の必要労働時間を働いて、そして支払われる賃銀で生活資料を得なければならないということに基づき、必要労働時間に対して支払われる賃銀、同じことですが労働者の生活に必要な生活資料を資本から買い戻すことができる賃銀が、労働力の価値の代価となるのでした。労働力はそういう価値をもつので、生産手段のようにその価値を生産物に付け加えるというのではなく、労働力の消費によって生産物に新しい価値を形成することになるのでした。労働力商品は、体ごと労働が売られ、自由に転売もされる奴隷商品とはもちろんのこと、一般商品とも異なる特殊な商品なのです。

ところで、労働力商品の価値の代価である賃銀の形態には、こうした労働力の性質を覆い隠す一面と、性質を映し出す一面とがあります。

すでに話したように、賃銀という形態そのものは資本主義経済に限らず、封建制経済下の職人の労働に対する報酬の支払いとして使われていました。したがって、その場合は、職人の労働の特殊技能という使用価値の代価として賃銀が支払われていたと言えます。そういう賃銀形態が労働者の簡単・単純労働が一般的な資本主義経済でも受け継がれることになっているわけで、そのために労働者が資本に対して労働力を販売して受け取る賃銀は、労働力ではなく労働力の使用価値である労働の代価であると一般にみなされることになります。資本家も労働者もそのように考えるというか、そのような外観が一般的になるということです。ですから、労働者の一日の労働が必要労働と剰余労働に分かれていることも、賃銀形態は覆い隠すことになるということであって、賃銀は労働者の一日の労働に対して支払われるものとされるのです。賃銀は、まさしく別名「労賃」、「労働賃銀」と呼ばれても、何らおかしくないことになるのです。同じことですが、賃銀が労働日のうちの労働力の価値を決定する必要労働時間によってではなく、まるまる労働日の全労働時間によって決定される支払われるような錯覚によって、その賃銀でもってまるまる労働日の全労働時間を労働するのは当たり前という考えが生まれるのです。これでは資本家と労働者の間の関係は正しくとらえられなくなってしまいます。

このようなことで、古典派経済学者のスミスもリカードも労働者の賃銀について「労働の価値」、「労働の価格」としか認識できずに、労働力の価値あるいは価格には行き着きませんでした。当然、剰余価値の根源を正しくつかむことはできなかったのです。とにかく、労働者の労働のすべてが労働者に支払われていたら、実際は資本の存在もありえないことは確かです。例えば労働日が8時間労働で、それに対する賃銀が8000円であるとすれば、実はこの賃銀8000円は例えば4時間の必要労働時間に規定された労働力の価値に対して払われたものだったのです。残りの4時間分は資本家の得る剰余価値ですが、資本家は商品を価値どおりに売って、つまり16000円で売って8000円の剰余価値を得るのです。賃銀8000円が労働日のすべての労働に対する支払であるとすれば、資本家の得る剰余価値はありません。

でも、資本家が剰余価値を得て活動をしていることは確かなわけで、賃銀形態は結局はその理由を資本家は商品を８０００円の価値以上に売ることで、流通から得ているからということに求めることになり、こうした考えを一般化することになるのです。また賃銀の支払い方法は、労働力の売買と同時というのではなく、後払いの方式が普通になります。資本としては、労働力の消費である労働によって生産物が生産されたという成果を確認するまでは、生産手段の価値と違って資本が得るものは何もないのであり、成果を確認したあとに賃銀は支払われるのです。これは一面では労働力商品の性質を反映していますが、やはり労働に対して、あるいは労働の価値に対して賃銀が払われるという外観を避けられなくするものになっています。

賃銀の払われ方――時間賃銀と個数賃銀

賃銀形態は、さらに、労働者の労働力の価値が賃銀形態を取って支払われることで、別な意味をもつことになります。最小の支出で最大の利益を引き出そうとする資本によって賃銀形態が利用されることになります。賃金形態には代表的なものとしては、労働時間に応じて支払う時間賃銀と、労働時間内に出来上がる生産物の個数に応じて支払われる個数賃銀（出来高賃銀）とがあります。労働力が維持・回復されるためには労働者は何時間か労働をして、同じ時間で生産された生活資料を得なければならず、そのための賃銀でなければならないということから、時間賃銀が基本的なものになります。労働者の賃銀は労働力が維持・回復される、つまり労働者が肉体的・精神的に正常な状態で生活できるということはもちろんのこと、それには労働者の家族の生活を支えることができるということをも含むものでなければなりません。

労働者は、一日の労働である労働日が延びれば延びるほど賃銀が増えるものと考えます。ところが、実際には賃銀は労働力の価値だけが支払われるだけなので、賃銀は変わらないか、あるいは多少増えたとしても、労働日が増えて労働時間が増えた分、相対的に賃銀は減少することになります。そのなかで、剰余価値の生産は増えるのです。また、それには労働の1時間当たりの賃銀の低下を伴うこともあり、そうなれば労働者が得る賃銀は労働力の価値以下になってしまいます。となれば、生活に十分な賃銀を得るために労働時間の延長は労働者にとっても不可欠なものになって、労働者間の競争も激しくもなるなど労働の強化につながって、労働力の維持・回復の支障にもなりかねません。やはり、多少の残業手当は得られても、労働日の延長には制限があるのです。そこで、労働力の価値以下への賃銀の切り下げに直面した労働者としては、家族の生活を支える賃銀を確保するためには、労働者は自身の労働だけでなく、家族の労働を加えることでカバーすることが必要になってもきます。

個数賃銀は、労働力の価値の代価としての賃銀が生産物の出来高で支払われることになり、労働者は生産物個数をある時間内にどれだけ増やせるかによって賃銀が増えるものと考えることから、時間賃銀以上に労働時間の延長、労働の強制の手段とさえなることになります。生産物の1単位当たりの賃銀が低下すれば、得られる賃銀は容易に減少することになり、そういう労働時間の延長などの傾向は強まります。言うまでもなく、剰余価値の生産は増大します。個数賃銀は、生産物の生産を下請け、さらには孫請けなどにまで出すことができ、それに応じて生産物の1単位当たりの賃銀を極端に引き下げることにもなる一方、労働に対する直接的な指揮監督は必要なくなり、そうした費用も節約できます。家庭内労働、つまり内職というものさえありうるのです。ですが、個数賃銀は労働者を疲弊させるものであるだけに、資本主義経済にあっては個数賃銀の賃銀形態が取られるにしても一般化することはなく、時間賃銀の補助的、補足的な役割にとどめられると言えるでしょう。

ところで、資本はもともと流通形態であり、資本の生産過程も生産過程がそういう流通形態である資本によって覆われているのであり、厳密に生産過程に限定された考察だけで十分だとするわけにはいきません。価値や剰余価値の源泉が明らかになればいいというのではないのです。資本の生産過程は**資本の流通過程**としても考察される必要があるのです。実際、資本の流通過程上では賃銀部分の可変資本と生産手段の購入にあてられる不変資本とは、**生産資本**として合体させられることになります。そして、その生産資本は流通過程における資本価値の回収の観点からすれば、資本の回収のために資本家が費やさなければならない**生産費用**であり、また資本が価値増殖を伴って回収されるまでの期間は前もって資本が貸し与えられるかのような状況にあることを指して、**前貸し資本**と呼ばれるものになるのです。資本の生産過程が資本の流通過程としてあるなかで、価値と価値増殖とがどのような現れ方をするのかが考察されなければなりません。

資本の流通過程から眺める

資本の生産過程を資本の流通過程として見ることで、どんなことが分かるのでしょうか。資本の流通過程とは、商品の売買すなわち商品の受け渡しの過程であると同時に、資本価値の流通する過程になります。

「資本」の考察で述べたように資本は本来流通形態であり、資本の流通過程はそういう資本がそのなかに価値形成・増殖過程である生産過程を取り込んだ形になっています。資本の運動G—W：：P：：W'—G'で言えば、資本の流通過程とはG—WとW'—G'という商品の売買であることはもちろんのこと、資本価値の流通ということですから：：P：：をも含んだ資本の運動全体でもあります。資本が資本の流通過程に投じられて回収されるまでに、資本運動の図式に示されるように資本価値はあるときは貨幣Gの姿をとり、あるときは購入した労働力や生産手段であるWの姿をとり、さらにあるときは販売されるべき商品W'の姿、そして最後に貨幣G'の姿をとって流通し、この関係が繰り返されることになります。

流通形態である資本の目的は、できるだけ安く買ってできるだけ高く売るというなかで価値の増殖分の剰余価値（これは購入価格と販売価格の価格差として見れば、あるいは資本家的観点としては「利潤」になります）を得ることです。ここで価値増殖の形成と実現ということを考えれば、価値増殖の形成はもちろん生産過程があってのことであることは見てきた通りですが、価値増殖の実現となると商品売買という流通過程を通さないわけにはいきません。商品が販売されて価値増殖が実現されるということになります。となると、商品が実際に売買されるに至るまでの流通過程の状況いかんによって、価値増殖の実現が速くなったり遅くなったりすることになります。前者ならば価値増殖の〈実現の〉促進であり、後者ならば価値増殖の〈実現の〉抑制・制約です。生産過程を覆う流通過程からは価値増殖が商品の販売、W′—G′で初めて得られるような、それゆえまた単に安く買って高く売ることから得られるような外観（表面的な見方・姿）が生まれることになります。流通形態の資本としては実際には安く買って高く売ることで価値増殖が得られることもありうるのですが、そしてこのことも重要なのですが、それだけではないということは生産過程の考察で明らかになった通りですし、流通過程の考察でも商品の価値どおりの売買が前提されることからも明らかです。さらに、価値増殖の効率を高めることこそがより多くの価値増殖が得られる手段、より多くの価値増殖が実現される手段ということにもなります。これは資本が流通過程を通して経済原則を商品経済のやり方で貫いて最大の効果を引き出すことから生じるものであり、資本としては当然にそうならざるを得ないと言えるのです。

資本の流通過程では、資本は資本価値が流通し回収されるまでの前貸し資本であるとともに、資本価値の流通・回収に必要な費用とみなされます。生産過程で商品を生産するのに必要な時間と費用も、資本の流通過程では資本価値の流通・回収に必要な時間・費用になってきます。商品を生産する生産費も資本価値が流通・回収されるのに必要な費用とされるということです。いわば商品生産における縦の時間と費用が資本の流通過程上における横の時間と費用として計量されてくるということになるわけです。こうしたことはさらに、「時間が費用化する」というむずかしい表現になるのですが、簡単に言うと時間が掛かるほど金銭的な費用がかさむということになって、時間の短縮と費用の削減こそが価値増殖を大きくする手段になるのです。要するに、絶対的剰余価値の生産や相対的剰余価値の生産による価値増殖の増大と並んで、資本価値の流通・回収に必要な時間の短縮と費用の削減による価値増殖の増大も、資本にとっては重要なものになるのです。

資本運動のなかの三つの循環

資本の流通過程において資本はどのように流通しているのかを見てみると、そこには貨幣Gに始まってGに戻る**貨幣資本**の循環、生産Pに始まってPに戻る**生産資本**の循環、製品としての商品W'に始まって'Wに戻る**商品資本**の循環が見られるのです。これら三種類の資本の円環的な循環運動が同時に、そして滞りなく起きているということになります。ということはまた、各循環の資本を合わせた資本額がとりあえず資本の流通過程に必要な総資本額になるということを意味しています。生産過程にある生産資本に対して、商品売買の流通過程にある貨幣や商品の姿としてある資本は**流通資本**とも呼ばれます。

資本の流通過程において資本が投じられて回収されるまでの時間経過の全体は、資本が生産資本としてとどまっている「**生産期間**」と流通資本としてとどまっている「**流通期間**」から成っています。生産期間には「**労働期間**」と、労働期間を含まない生産期間とがあります。後者は原料の乾燥期間、味噌・醬油・お酒などの醸造期間、農業での作物の自然成長の期間などであり、これらの期間には生産手段の価値の移転・形成はあっても労働そのものはないので新しい価値の形成や価値増殖はありません。

資本家としては、労働期間、生産期間、流通期間の全てが、投じた資本が剰余価値を伴って回収されるまでの期間ということになって、この期間が短縮されることがいい、つまり資本の回収が速ければ速いほどいいということになるわけです。言い換えれば、この期間が長引けば長引くほど、それだけ費用が掛かってしまうことにもなるのです。実際、資本の回収が遅れてその回収期間が長引けば、資本の循環が滞り、余分な追加貨幣資本が必要になってしまいます。また、資本価値が流通するにも商品の保管や運輸、帳簿の記入、商品の販売など流通過程に不可欠な**流通費**（**流通費用**）が生産費とは別に掛かることになるのですが、とくに商品売買に必要な設備費、事務費、人件費などの流通費は価値増殖にはマイナスに作用します。

こうした商品売買に特有な費用は「**純粋な流通費用**」と呼ばれます。言い換えれば、それは根本的にあらゆる社会に共通する生産過程に必要とされる労働に基づく費用ではなく、商品経済だけに必要とされる労働や資材などに要する費用なのです。商品売買のための設備や事務用具に労働が投じられていても、商品売買に従事する従業員の労働作業も、それらに掛かった費用は商品に対し追加的に価値を形成することも価値増殖することもありません。費用は掛かっても、資本にもならずに、資本および資本価値として回収もされません。それでそうした純粋な流通費用は「**空費**（くうひ）」と呼ばれるのですが、こうした費用は剰余価値から支払われるしかないものなのです。ですから、空費である純粋な流通費用が増えることは、資本（産業資本）にとってはまさにマイナス、価値増殖に対する抑制・制約でしかないのです。となれば、そうした費用の削減・節約のために流通期間の短縮が重要な問題になるのです。生産期間は生産技術によって一定の長さが定まってきますが、流通期間の短縮となるとむずかしく、結局それは商品の売買を専門とする業者である**商業資本**に任せることになるのです。この点は後に詳しく話すことになります。

一方、保管費や運輸費というものは一般的にあらゆる社会に共通な生産過程に必要とされる労働や資材に要する費用になります。そして、保管や運輸は商品を生産するわけではないが、それらに関わる設備費などとして投じられた生産手段としての不変資本はその価値を商品に移転・追加することになるし、労働力に投じられた可変資本は新しい価値を形成し増殖するのです。つまり、これらの費用は商品に移転・追加された資本の価値部分および新たに形成された資本の価値部分なのであり、商品の販売とともに回収されます。もちろん、商品売買のための保管費や運輸費は純粋な流通費用ということになります。

商品の価値が「価値物」として現れ、さらに貨幣が価値物の完全な代表としてあらわれることになって、「価値」というものがそもそも一体何なのかが分からなくなってしまいます。せいぜい価格の平均的な「中心価格」と押さえておけば十分ではないかということにもなりかねません。そうではないのですね。商品の価値の内容が、また商品の価値が資本の流通過程上で流通する資本価値の内容が、あらゆる社会に共通な生産過程の労働と深く結びついており、そうであるからこそ商品の価値が商品の売買と生産の基軸・基準としてあって、そういう基軸・基準をもつことで他の社会と同様に資本主義経済も一つの社会として成り立っているということなのです。ここまでのことを深く掘り下げて知る必要があるのです。価格や価格差にも、あらゆる社会に共通な経済過程の労働に根差している面とそうでない単なる流通形態でしかない面とがあるのです。このことも知る必要があります。

固定資本と流動資本はどこが違うのか

資本が回収されるまでの期間、すなわち生産期間と流通期間を**資本の回転期間**と言います。資本は、それが投じられる対象によって回収上の相違が出てきます。機械や建物に投じられた資本は「**固定資本**」と呼ばれ、労働力と原料に投じられた資本は「**流動資本**」と呼ばれます。固定資本は、資本が機械や建物の全体に投じられるものの、それらの資本価値は部分的に資本の一回転ごとに生産物に移転され、部分的に回収されます。流動資本は資本価値の全体が資本の一回転でもって一度に回収されます。ですから、原料に投じられた資本は「**流動不変資本**」であり、労働力の購入に投じられた資本は「**流動可変資本**」なのです。固定資本と流動資本の区別は、経営学あるいは会計上の資産（財産）の保有が長期的かどうかの相違による固定資産と流動資産の区別とは、呼び名が似ていますが関係ありませんし、また資本である対象物が物理的に固定されているかどうかの相違による区別ではありませんので、注意が必要です。耕作用や搾乳用の牛は固定資本であるのに対して、食肉として売られるために飼育されている牛は流動資本です。固定資本の価値は徐々に回収されますが、回収される価値は固定資本の更新のための**減価償却資金**になり、それは資本としての活動を一時的に休止する「**遊休資金**」の一部として資本の流通過程の外部に蓄えられることになります。

資本が剰余価値を伴って回収される期間が短ければ短いほど、それだけ純粋な流通費用は少なくて済み、これによって剰余価値から純粋な流通費用として支出される部分が節約されたり、準備金も節約されたりすると同時に、資本の再投下を速める、すなわち資本の回転を速めることになります。

資本の回転の速さ

資本の回転が速まれば、全体的に少ない資本で多くの剰余価値を得ることができます。資本効率が良くなるわけで、資本にとってこんないいことはありません。ですから、資本にとって**資本の回転率**を高めるのはとても重要なことなのです。それも実は、労働力の購入に投じられた可変資本のみが価値を増殖するだけに、可変資本の回転率が速まることが特に重要であることは言うまでもありません。こういうところにも、最小の労力をもって最大の効果をあげるという経済原則が、商品経済的に最小の費用で最大の利益をあげるという形で貫かれていることを知ることができます。固定資本の減価償却資金だけでなく、流通期間の短縮による資本の回転期間の短縮が生んだ貨幣資本の節約部分、流通費用の節約部分、準備金の節約部分などが遊休資金として蓄えられることになります。これらの遊休資金が社会的に資本家間に融通されることになれば、社会的に無駄なく資金が利用され、そして社会的な価値増殖がいっそう促進されるという効果が得られることになります。

商品W'は資本の回収部分と剰余価値を含んでいます。剰余価値は資本家の個人的生活のためにも使用されますが、純粋な流通費用への補塡のほかに、資本の拡大再生産を可能にする剰余価値の資本への転化のために一定期間は資本蓄積される必要があります。この資本蓄積の資金も資本の流通過程の外部で遊休資金を形成します。こうして生み出されてくる遊休資金は、それが銀行という金融組織に集められ、これを通して資本家間に社会的に融通されるという資本主義経済における信用制度の基礎になるのです。

生産は繰り返される

どんな国の、どんな経済体制であろうとも、社会的需要に応じた生産を日々、また年々行う必要があり、実際に行われているのですが、理論的にも実際的にも、それもある程度の需給不一致はやむを得ないものとしてありながらも、需給一致が実現されていくということになっているのです。そして、もともと労働者の剰余労働は労働者の生活を豊かにし、社会経済を発展させる基礎をなすものであることは、すでに話しました。その点が資本主義経済においてもないわけではないのですが、そうした経済原則をそのまま実現するというのではなく商品経済の形態を通して実現するだけに労働者や社会に良い面がある反面、行き過ぎた状況も生まれることになり、労働者の生活にとってもあまり良くない、そして時には社会経済の状況を悪化させるようないろいろな問題も出てくることになるのです。資本の生産過程、資本の流通過程は今や資本の再生産過程として展開されることになります。資本の再生産過程において生産規模を拡大することになると、これまでとは違って、価値法則による訂正と調整を前提としても、商品経済における行き過ぎの現象を価値法則の作用だけでは解決することができないという事態が生じます。しかし、そういう行き過ぎも資本主義経済の資本の運動のなかで独特な方法によって解決されることが、ここで明らかにされます。

再生産過程は社会に必要な生活資料と生産手段の再生産であると同時に、労働力商品の再生産を意味しています。労働力商品の再生産といっても、資本が他の一般商品のように労働力商品を生産することはできません。この労働力商品の問題が拡大再生産では資本の運動にとって障害となって現れるのです。資本主義経済は、資本が直接に生産できないという労働力商品の矛盾を決して解消できないのですが、再生産過程のうちに、資本が必要とする追加的な労働力を資本の運動に合わせて確保できる機構をもつことになるのです。ですから、資本にとって乗り越えられない障害でも矛盾でもないのです。そうした機構が資本主義経済に特有な**人口法則**を展開することになります。

さらに、商品資本の循環を使って、社会のすべての資本の再生産過程で生産される全商品の生活資料と生産手段が、それぞれの生産部門間および生産部門内での取引と消費によって年々生み出される様子が、図表化されて説明されてきます。これが再生産表式論というものです。

資本は蓄積による拡大が目標

資本の再生産には、剰余価値を資本に転化しないで同じ資本規模で生産を繰り返す「**単純再生産**」と、剰余価値を資本に転化して資本規模を拡大していく「**拡大再生産**」があります。価値増殖を無限に求める資本としては、もちろん単純再生産に満足するものではありません。しかし、再生産を拡大するにはそれなりの大きな資本量を必要とするのであって、剰余価値の一部は資本家の生活のうちに消費されるのですが、ある一定期間は剰余価値の多くの部分が資本への転化に向けて蓄積（資本蓄積）され、追加資本として投入されなければなりません。蓄積された剰余価値が資本として追加投入されるまでの間は単純再生産が行われることになります。

資本蓄積が前提になって、つまりそれがあって拡大再生産が可能になるのですが、そういう時間的経過を省略して簡単に拡大再生産そのものを資本蓄積と呼ぶことが多いです。拡大再生産が行われるためには機械や原料などの追加的な生産手段と追加的な労働力、そして追加的な生活資料が必要になります。追加的な生産手段や生活資料が社会的に必要とされ、需要されるならば、それに応じて資本はいつでもそれらを生産することができます。ところが、労働力については資本が直接に生産することはできないので、労働者人口の自然増加を基礎にしながらも、追加的労働力の調達には特有な形を取らざるを得ないということになるのです。そうした労働力商品の矛盾を抱えて資本が運動を展開しなければならないのであって、そのことが拡大再生産における資本の投じ方を二分することにもなり、ひいては景気循環を必然化させることにもなるのです。

そこで、剰余価値が資本に転化された拡大再生産に必要な追加的生産手段と追加的労働力を調達するということは、機械や原料などの生産手段の購入のための不変資本と労働力の購入のための可変資本とに追加的資本が投じられなければならないということです。この場合、両者に投じられる資本の割合（比率）が重要になります。その割合を示す、生産手段の量と労働力の量からなる資本の構成はそのままの形では（つまり素材的には）**資本の技術的構成**と呼び、この構成の価値での構成、すなわち不変資本Cの価値と可変資本Vの価値の構成は「**資本の有機的構成**」と呼ぶのですが、簡単化のためにここでは「**資本構成**」と言えば資本の有機的構成のことを指すということで話を進めます。

生産の拡大の仕方

拡大再生産（資本蓄積）には二形態があります。その一つの形態は、不変資本Cと可変資本Vの資本構成の割合を変えない（単に「資本構成に変化のない」とも言われます）拡大再生産であり、また一つの形態はその資本構成の割合を変える（単に「資本構成の変化を伴う」とも言われます）、つまり資本構成を高度化させる拡大再生産です。とにかく拡大再生産では生産手段と労働力のそれぞれに対して資本を増やすわけですから、まず注意しなければならないのは、生産手段でも機械や工場の建物のような不変資本である固定資本の場合において、従来の固定資本をそのまま用いて例えば機械の数だけを増やす場合と、生産力を高めるような機械の導入および従来の固定資本の更新を伴う場合とでは対応が違ってくるということです。流動不変資本である原料のようなものであればその資本の増大とともに多くの原料を新しく調達できるので問題にはなりません。固定資本の更新を必要とするとなると、資本としても簡単にはいきません。新しい機械の導入には多額の費用が必要になるし、古い機械の資本価値の道徳的摩滅あるいは破棄という犠牲を伴うことになります。ですから、資本としては固定資本の更新を必要としない、資本構成の割合を変えない拡大再生産を進めるのが基本、まず第一となってきます。

そうした資本構成の割合を変えない拡大は、いわば再生産を横に拡大することになります。横に拡大するとは生産部面を広げるということです。不変資本と可変資本の割合を変えないわけですから、道具や機械、それに原料が増えるのと同じ割合で労働力の量、つまり労働者の雇用も増えるのです。一定の剰余価値率を前提とすれば、労働力の量を増やすことで剰余価値量は増加します。ところが、この拡大再生産が進めば、絶対的剰余価値の生産の考察の場で話したように、やがては労働力の供給を超えて労働力を需要することになって、賃銀が上昇して剰余価値を減少させ、剰余価値率を低下させることになってしまいます。しかし、これで直ちに資本蓄積が止むわけでも、賃銀上昇に限界がくるわけでもありません。剰余価値率の低下を資本量の増大による剰余価値量の増大で補おうとしてさらに労働力を増やすことになります。そして、そのことが賃銀のさらなる上昇をもたらしてしまうので、結局は剰余価値量さえ減少させる状況に至ってしまいます。そうなれば、投下資本量に見合った剰余価値を得られなくなり、この拡大再生産を、つまり資本投資をこのまま続ける意味がなくなってしまいます。この状態を指して、資本が「**絶対的過剰**」に陥った状態と言います。資本が自分自身に対して過剰ということであり、資本が資本としての役割を果たさない状態というわけです。簡単に言うと、これ以上生産を続けても費用ばかりがかさみ、赤字が増えるだけということになるのです。

こうして、資本構成の割合を変えない拡大再生産が限界に達してはじめて、固定資本の更新を伴う資本構成を高度化させる拡大再生産が行われることになります。資本構成を高度化させる拡大再生産とは、生産部面を広げなくても生産力を高めることで価値増殖の増大をはかることができるという意味で、いわば再生産を縦に拡大する形態です。不変資本の増加に対して可変資本への投資が絶対的には増えても相対的に減少し、労働力需要が相対的に減少するばかりか、新式の機械の導入によって労働者がその機械に置き換えられれば、労働力需要の絶対的な減少が生じることになります。そうなれば、仕事（職）と賃銀を得られない多くの失業労働者が生み出されます。労働者人口が自然的かつ社会的に過剰、つまり食料に対して過剰だというのではなく、資本が資本として運動するのには過剰な労働者人口が再生産過程から排除されるのです。かろうじて働くことのできる労働者の賃銀も、労働時間の短縮、労働力需要の低下などにより減少を余儀なくされ、労働者の生活水準は悪化します。失業者ともども労働者の生活は極めて厳しいものになってしまいます。

しかし、個別的な資本から全社会へと生産力を高める新しい生産方法が普及すれば全社会的に労働力の価値そのものを低下させるに至り、資本・賃労働の新しい関係が築かれて、やがてはこれらを基礎にして再び資本構成に変化のない拡大再生産が少しずつ進行することになります。その過程は再生産過程から排除された労働者が再び再生産過程に吸収される過程となり、また労働力の価値そのものが低下した労働者の労働によって相対的剰余価値の生産が進行し、資本の価値増殖の運動が回復する過程であると言えるのです。

経済の人口法則

すでに知られるように、こうした拡大再生産（資本蓄積）の二形態が交替して現れることが景気循環の基礎になります。資本の拡大再生産は生産の無政府性に導かれて行き過ぎが生じます。この行き過ぎは、商品の需給を無政府的な価格変動のなかで調整、訂正する価値法則だけでは調整、訂正されません。景気循環の恐慌および不況の発生が調整、訂正の役を果たすことになるのです。

資本構成の割合に変化なく再生産が拡大するということは、従来使用されてきた機械などが工場設備とともに数量を増やし、多くの労働者が再生産過程に吸収されていく状況が生まれるということであり、資本の価値増殖も順調に進む景気循環の好況期に相当します。しかし、この状況がいつまでも続くわけではありません。再生産の拡大もやがて労働力の調達の制約に直面し、好況末期の好況の絶頂期というそのときに資本の絶対的過剰の現象が起きて資本投資は止み、再生産過程の破綻、すなわち恐慌への突入を余儀なくされます。資本投資の行き過ぎというものがこういう形で阻止、また訂正され、その後の不況期を通して景気回復の準備が整えられることになるのです。資本の再生産過程の内部に恐慌および景気循環の必然性の根源があることを見て取らなければなりません。資本の絶対的過剰の発生あるいは好況末期から恐慌への突入という状況は、労働力の調達の困難と実質賃銀の上昇だけで説明がつくというものではなく、ここではまだ詳しくは考察しませんが、銀行信用の関わりというものが大変重要になってくるのです。

そして景気循環の不況期には、今も話したように、資本は資本構成を高度化する拡大再生産の方向転換をはかります。生産力を高めるための固定資本の更新が進み、労働力の価値そのものを下げることで剰余価値率の上昇を実現して、景気がまた上向いていくということになります。

不況期には、恐慌によって職場を失った失業者を再生産過程に吸収するどころか、生産力を高めるために採用された機械によって労働者の労働が取って替えられれば、多くの労働者が再生産過程から排除されることになって、いずれも再生産過程の外部に失業者およびそれに近い形で相対的過剰人口（資本の需要に対して相対的に過剰な人口）を形成します。この**相対的過剰人口**は現実には**産業予備軍**と呼ばれる種類のものに含まれるのですが、景気の循環のなかで相対的過剰人口の形成と吸収を行って、資本が直接に再生産できない労働力商品の調達の制約を乗り越えて調達できるようにする機構を資本はもつことになるのです。

これまでに、経済学者の関心の一つとして商品経済の発展が国の人口の自然増加をもたらすかどうか、人口と食料の関係および社会状態にどんな影響を及ぼすのかという問題があったのですが、リカードとは交友関係にあると同時に互いに論争相手でもあったイギリスの経済学者のトマス・ロバート・**マルサス**（1766―1834）は、人口は幾何級数的に倍々で増加するのに対して、食料は算術級数的に1ずつの割合でしか増加しないという法則があるとして、そのために食料に対する自然的な人口過剰が生じて労働者の貧困状態が生み出されるとしたのでした。これでは社会に対して自然的に人口が増え過ぎたということでしかありません。マルクス以前には、マルサスほどでないにしても、経済学で論じる人口論はこうした自然的人口論であるのが普通でした。

これとは違って、マルクスは労働力の自然増加を基礎にしつつも、景気循環のうちに資本の運動に対して相対的に過剰な人口の排出・形成および吸収という人口法則の展開があることを突き止めたのでした。マルクスの議論の仕方にまだ問題がなかったわけではありませんが、経済学原理のなかで資本主義経済に特有な人口法則と恐慌・景気循環の必然性を明らかにする方向を打ち出したのでした。

原料や食料を供給する農業生産が天候などの自然現象の影響を受けやすいため、とかく経済恐慌の発生が自然現象の変化に求められたり、また表面的な景気の波の動き（波動）の変化にもっぱら眼を奪われて、再生産過程に何が起きているのかの考察に行き届かない景気循環論に陥ったりしてしまうことになるのです。この点については、またあとで話すことにしましょう。

実質賃銀の変動を決めるもの

労働力商品は一般商品のように資本が工場で直接に生産・再生産できません。労働力の再生産は、労働者が労働力の価値の代価としての賃銀で生活資料を資本家から買い戻して消費するという労働者の生活を通して行われます。それで、賃銀は労働力の価値の代価としては、労働者が労働力を肉体的、精神的に正常に維持・回復することができるものでなければなりません。またそれは労働者の家族の養育をも含むことになります。

例えば、生活資料の価格が上がれば賃銀も比例して上昇しなければなりません。そうでなければ労働力は価値で売買されずに価値以下で売買されることになり、労働力の再生産がむずかしくなります。もしそうした賃銀の上昇があっても、それは賃銀の名目的な上昇であって、労働者の生活そのものに変化はありません。こういう状況は原理のなかでは正面切って問題にはしません。ところが、労働力需要の増減による実質賃銀の上昇や実質賃銀の下落、さらに一般に実質賃銀が下落したなかでの労働力の価値自身の低下という変化の方は、資本の拡大再生産の二形態の交替を論じるなかで、したがって景気循環の基礎を論じるなかで、当然に扱われなければならない重要な問題になります。実質賃銀の変動を決めるものは、労働力に対する需要と供給の関係です。すでに話したように、好況期には労働力需要の高まり、労働力供給の制限によって賃銀は上昇し、好況期と不況期の間の恐慌期および不況期初期には労働者の失業の増大によって賃銀は実質的に下落することになるのです。なお、拡大再生産（資本蓄積）論はあくまでも景気循環の基礎をなす拡大再生産の二形態の交替を論じるものであって、恐慌期の経済状況を直接に取り上げるものではありません。それは、のちになって利潤論、さらには利子論の展開のなかで取り上げられることになります。

イギリス古典派経済学も労働者に対する需要の増減による実質賃銀の変動を論じるのですが、労働者需要の増加によって賃銀は上昇し、労働者の生活は豊かになり、そのことは結婚と出産を促し、やがて労働人口の自然増加となって賃銀の下落をきたすという、自然的人口論を基軸とする展開になっていて、実質賃銀の変動問題を景気循環の基礎を明らかにすることを通して論じることにはなっていません。また、リカードと同時代のフランスの経済学者である**シスモンディ**（1773−1842）は、イギリスの経済恐慌に直面してその原因を探るのですが、それを単純に商品の生産と消費の不一致に、そして労働者の窮乏による消費の不足に求めたのでした。これを過剰生産恐慌論の一つの見解である「**過少消費説**」と言うのですが、こうした論調はマルクスにも影響を与えています。労働者の生

好況期における拡大再生産の進展によって労働者の賃銀は実質的に上昇するのです。労働者の生

活は豊かになります。労働者の生活水準が高まることは間違いありません。だから、ここにおいて労働者は窮乏しているとか、賃銀が低すぎるというのは、正しくないと言わざるを得ません。もちろん、実質賃銀の上昇には限界があります。一つは労働力が再生産されるだけの範囲に限られるという限界であり、このような限界は賃銀が上がっても上がらなくても基本的にはいつでもあるということです。言い換えれば、労働者の消費はいつでもそういう限界内に抑えられているということです。そして、そういう限界のなかで賃銀は上がり、労働者の生活水準も高まるのです。また一つは、資本の絶対的過剰という状況が発生して、これ以上の労働力への資本投下が無意味になってしまい、もう恐慌という経済破綻が間近に迫ったことによる限界です。賃銀の上昇によって剰余価値率が低下したからといって、直ちに資本蓄積が抑制されたり、賃銀上昇の限界が生まれるわけではありません。そうした剰余価値率の低下を剰余価値量の増大で補う形で資本投下は続くし、賃銀は上昇するのです。このことはすでに話した通りです。

これらの点を軽視して賃銀上昇の限界を強調するあまり、好況期のなかででも資本構成を高度化する拡大再生産が起き、このことが相対的過剰人口としての労働者人口の増加という資本にとって有利な状況をつくりだして賃銀を低下させるとか、過少消費説や商品の過剰生産恐慌論とかの考えを受け容れることがあってはなりません。固定資本の更新は資本にとっても容易になしうることではなく、それは原理的には不況期に集中するものとしなければならないのであり、このことを初めて打ち出したのは宇野弘蔵氏でした。価値法則の作用を前提に商品の価値どおりの売買に基づいて資本の拡大再生産論が展開されているのに、そこに商品の過剰生産がなぜ問題になるのでしょうか。そういう論理の枠組みを無視したり、壊したりしてはなりません。商品の価値どおりの売買のなかにあってさえ、価値法則によって訂正される価格変動とは別の意味での無政府性による行き過ぎがあって資本蓄積が行き詰まることを明らかにしなければならないのです。

私による問題解決　その1（実質賃銀の内容）

ただ、すでに話したことで繰り返しになりますが、実質賃銀の変動について、好況期の半ばの時期に形成される労働力の価値を中心に、賃銀は好況期の生産拡大がさらに進んで労働力の価値以上に上昇するという宇野弘蔵氏などの見解には、私としては疑問がないわけではありません。これだと、労働力がその価値どおりに売買されるという原理の生産論の展開が好況中期の労働力の需給一致という狭い一時期に限定されることになってしまうのですが、果たして原理の展開とはそういうものなのだろうかと疑問に思います。労働価値論の論証にしても、労働力が価値どおりに売買されることを前提および基本にして明らかにされます。そこでは労働力の需給一致ということは特に前提にもなっていません。ただ、労働者は労働力の再生産に必要な生活資料を確保することができる賃銀を得ることになっているということだけであって、その時の賃銀がどのように決まるのかについてはまだ論じられませんでした。それなのに、労働力の価値どおりの売買および労働価値論の論証は、景気循環に照らせば労働力の需給一致が成立する好況期の狭い一時期に該当するに過ぎないと言うのでしょうか。

労働力の価値の内容は労働者が労働力を維持、回復できる、つまり労働力を再生産できるということでなければなりません。それが、食べて寝て、生命維持ぎりぎりの生活を指すのか、余暇をいろいろ楽しむ余裕のある生活を指すのかは、社会的に決まってくる事柄なのであって、要するに生活水準の社会的変化のなかで決まるという問題になるでしょう。

好況中期の労働力需給が一致する点に労働者の平均的な、標準的な生活水準が形成されるというのなら理解できます。労働者の生活水準に高いときと低いときの差があって、その中間に平均的・標準的なものもあるわけですよね。労働者の生活水準は固定されているのではありません。この点は宇野氏も強調しているところです。ですから、好況期には賃銀の上昇とともに労働者の生活水準も高くなり、改善されるのです。それにしても、この状況をなぜ労働力の価値以上の賃銀の上昇と言わなければならないのか、そうではなくて労働力の価値自身が、労働力の価値そのものが上昇した形で労働力は依然としてその価値で売買される関係が続いていると言ってもいいのではないか、と言うべきではないかと思うのです。

問題は、横への拡大再生産が進んだ結果の剰余価値率の低下を、単に賃銀の上昇と剰余価値の減少とだけで語るのではなく、その賃銀の上昇が労働者の労働日の必要労働時間における単位時間当たりの価格の上昇であり、労働日の全生産物の労働者による取り分の増加、すなわち労働日は変わらないなかでの剰余労働時間に食い込んだ事実上の必要労働時間の延長であり、剰余労働時間の短縮および剰余価値の減少として語る必要があるのではないかということです。このように考えれば、労働力は依然として価値どおりに売買されながら、その価値の内容の変化、つまり労働者の取り分の多くの生活資料を得ることになって生活水準が上がったということになります。賃銀が労働力の価値以上に上昇したという必要はなく、労働力の価値そのものが上昇したということになるのです。労働力の需給一致の状態に限らず、労働力の供給を超えて労働力需要が高まり実質賃銀が上昇し、労働者の生活水準が上がった状態であっても、労働力は価値どおりに売買されるということなわけです。

拡大再生産論では原理的に一般的な価格の上昇を取り上げることはそもそもありませんが、こうした横への拡大再生産を景気循環と照らし合わせて見ると、賃銀が上昇する好況中期から好況末期にかけて一般に商品需要の増大に応じて価格が上昇することが、なかには投機的な物価騰貴さえ生じることも当然に考えられます。このため、物価が上がってそれに応じた賃銀が得られるかどうか分からない場合もあるのに、賃銀が労働力の価値以上に上がるというのはおかしいではないかという疑問の意見もあるのです。この疑問の意見をそのまま認めるということになると、好況期の問題の時期に労働者の賃銀は労働力の価値以上にならず、せいぜい労働力の価値どおりか、場合によっては価値以下ということになってしまいます。そうなれば、労働者はこの時期に生活水準の改善どころか、好況中期の生活水準あるいはそれ以下の生活水準しか得られないという状況にもなるわけです。これに対して、例えば一般商品と資本が直接生産できない特殊の労働力商品との違いを強調して、一般商品の供給は増加してその価格の上昇は抑えられるのに労働力商品の賃銀は上がり続けると論じても、反論としては弱いし、論点も明確ではないような感じがします。

私としては、こうした宇野氏への疑問の意見を述べる人はそもそも好況期における実質賃銀の上昇、したがって労働者の生活水準の高まりを認めない場合が多いので、その点は誤っていると思うし、拡大再生産論および原理的な景気循環論では、一般商品の価格の上昇があるにしても、そしてそれが需要の増大を見込み価格を吊り上げて一儲けを狙った、商品経済にはごく普通の投機的な物価騰貴であるにしても、商品の供給の増加があることは確かです。また、そうした価格の上昇が長期化すれば、労働力の価値どおりの売買が前提である以上、労働者の賃銀も名目的に上昇するだけのことであり、ここで一般商品の価格の上昇を持ち出したとしても原理的にはあまり意味がないと言わなければなりません。

とくに好況末期（好況絶頂期）における物価上昇のなかでの一般商品の需要増加を、過少消費説的な立場から、実質的な需要増加ではなく架空の需要増加とみる一方、賃銀の実質的上昇をある程度認めながらもそうした賃銀上昇の限界を強調する見解もあります。こうして過剰生産恐慌論を導こうとするのですが、好況末期には架空の需要増加が発生することもあり得るものの、一般には、さらに物価が上がる前にここで購入しなければ損だという理由で商品は飛ぶように売れ、そのために品薄さえ生じることになります。商品に対する実質的な需要の増加はあるのです。そうした商品需要に応じた商品供給の増加もあるのです。もともと商品需要も、賃銀の実質的な上昇にしても、これらはみな一定の制限があるのは当然のことです。それでも実際に景気は活況に沸き立っているのであり、労働者の生活水準も高くなり、改善されているのです。これらのことは認められなければなりません。

話を元に戻しますと、好況中期から末期にかけて物価上昇も、名目賃銀の上昇もあっていいのです。あるのです。問題は、そういう状況にあって労働力需要が強まって実質的な賃銀の上昇が起きているということなのです。労働力の価値自身が上昇し、労働者の生活水準も高まります。実際には物価上昇の速さに名目賃銀の上昇が遅れをとって一時的に賃銀が価値以下になってしまうこともあるでしょうが、もうその場合には労働力の価値が従来の生活水準を表すものではなく、労働力の価値そのものが上昇していて、改善された生活水準を表すものになっているのです。ですから、その時の賃銀の価値以下の低下も、好況中期の賃銀や生活水準以下になるということでは決してありません。

縦への拡大再生産が進めば、労働力の価値自身が低下して、相対的剰余価値の生産が促進されます。この場合には労働力の価値そのものの低下が原理的に論じられるのです。だからと言うわけではありませんが、労働力の価値そのものの上昇を原理で論じても一向に構わないように思うのです。これ以上のことは原理においても景気循環論の細部にわたった状況の考察になるのですが、経済の破綻と収縮から停滞の過程となる恐慌期から不況期にかけては仕事のない労働者であふれ、仕事があって賃銀を得て何とか生活ができている労働者であってもその生活水準は悪化し、労働力の価値自身もそういう生活水準で決められことになるのですが、もちろん労働時間の短縮によってそうした労働力の価値さえ得られない賃銀の労働力の価値以下への下落という状況さえみられるようになります。これは、普段に起きうる労働の強化などによる賃銀の労働力の価値以下の低下とはちがって、景気の悪化時期の特殊な現象と言えるでしょう。

こうした景気循環論を考察するには分配論のなかの利潤論、さらには利子論を必要とするのであって、剰余価値率の低下は利潤率の低下、それも一般的利潤率の低下としてとらえ返され、内容の深まりとともに論じられなければならないし、また利潤率と利子率の対立を論じる必要も出てきます。しかし、そういうなかにあっても、生産論で明らかにされる資本・賃労働の関係が基礎に据えられているのであり、それに変化があるわけではないのです。

再生産の全体を表式として描写

資本の再生産過程論の最後は、そのまとめとしての再生産表式論になります。これまでは資本の生産過程、流通過程、再生産過程のそれぞれの一つの過程を代表して取り出して考察することになっていました。しかし、ここでは資本の流通過程の商品資本の循環が直接に問題とされることになり、社会全体の再生産過程が生活資料と生産手段の各再生産過程に分割され、それら社会的総生産物が価値法則に基づいてどのように消費かつ再生産されているのかが考察されることになります。その再生産表式論の詳細な説明はここでは省略しますが、社会的総生産物が再生産および拡大再生産される関係を一目で見て分かる表式でもって描写することになるのです。これは、社会的総生産物の消費と生産、あるいは需要と供給の繰り返しというあらゆる社会に共通な経済原則の事態が、資本主義経済では商品経済のなかで経済法則に基づいて実現されていることを示すものにほかなりません。

それによれば、それらの生産部門を生産手段生産部門（第Ⅰ部門）と生活資料生産部門（第Ⅱ部門）とに分け、各部門で生産された、資本にとっての商品資本のすべての生産物が各生産部門の内部および生産部門の相互間で取引され、年々滞りなく消費されるのです。

生活資料は労働者と資本家によって消費されます。価値としては、剰余価値は両部門で生産されてきて、資本家は単純再生産ならばその全部を自身の生活資料を購入するために（貨幣の流れは表式では省略されています）充てることになっています。次年度に拡大再生産を行うならば、その一部を資本蓄積に廻して拡大再生産の資金とします。もう少し立ち入って話すと、次のようになります。

今年度に生産された両部門の総生産物の価値（C＋V＋m）が実現されて次年度の生産のための生産資本の価値（C＋V）が用意されることになります。当然ながら、次年度に必要な両生産部門の生産手段は第Ⅰ部門から調達されて補塡されなければなりません。両部門の労働者は資本家によって可変資本（V）に相当する賃銀を得て、また資本家も剰余価値を得て、それぞれ生活資料を第Ⅱ部門から購入することになります。今も話したように単純再生産の場合は、資本家は剰余価値のすべてを生活資料の購入に充てることになっていて、資本蓄積のことは捨象されることになっています。

拡大再生産を表式で示すとすれば、両生産部門の資本家の得る剰余価値の一部は自身の生活資料の購入に充てるものの、一部が追加生産手段の調達用および追加可変資本用に資本蓄積されなければならないと同時に、生産手段生産部門で生産手段があらかじめ多く生産されている必要があります。実際には生産物のなかにはいずれの部門の生産物にも属し、どちらか一方に決められないものもあるのですが（例えば食料としての米・麦と、原料としての米・麦）、そういう細かいことは問題ではなく捨象されていて、表式にとってはどうでもいいことなのです。また、固定資本の調達と数年かかるその価値の回収の問題まで入れて論じる必要はありません。単に機械や原料などの生産手段の調達とその価値の全回収が毎年行われるということでいいのです。

表式では、総商品は価値法則の全社会的な作用を受けて価値どおりに取引されることになっています。こうして、あらゆる社会に共通な社会的に必要な生産物が再生産されるという経済の原則が、唯物史観で言うところの下部構造である資本主義的商品経済の経済構造だけの自律的な運動法則によって実現されていることを見てとることができるのです。こういう価値法則の作用のなかで、全社会のなかのすべての生産手段と生活資料とが均衡を保って再生産されているという、極めて当然のことが表式で語られているのです。

これまでも何度も話したことですが、社会のなかの生産物の生産と消費の、したがって需給の不均衡があるのは当然なのです。それはどんな社会であっても多かれ少なかれあるのです。それが資本主義経済では生産の無政府性として現れてくるのです。そこで、現実の経済分析にあたってそのことを強調するために原理的な再生産表式論をそのまま持ち出したり、あるいは再生産表式論の内容を現実の経済に照らして変えたりすることがないよう、原理的な再生産表式論の利用・活用には注意が必要です。原理における再生産表式論の意義・目的を誤ることがあってはなりません。商品資本を細分した全社会の産業間における資本投入と製品産出の関係を統計的にとらえたものに、ロシア出身のアメリカの経済学者**レオンチェフ**（1906―1999）が作成した「**産業連関表**」があります。それは有効な投資部門の選択などを目的にしたものであって、もちろん原理の再生産表式とは意義・性格においてまったく別のものです。前に話したフランス重農学派のフランソワ・ケネーの「経済表」を突き詰めたものが原理の再生産表式であると言うことができます。

再生産表式に見る金貨幣の補給

再生産表式では生産手段や生活資料といった素材および価値での取引が理解されれば良いので、貨幣（金貨幣）の流通は捨象されていました。流通する商品量および商品価格の増大に応じて金貨幣が補給されなければならないことは、流通手段としての貨幣の考察である程度触れましたが、ここでも金貨幣の補給の問題が論じられることになります。

その金貨幣の補給の問題というものを整理して取り出してみると、第一に金貨幣の補給にはどこにある金が使われるのか、第二に金貨幣の材料になる金の生産あるいは金貨幣の製造は再生産表式のどの生産部門に属するのか、第三に金貨幣の補給には金貨幣の製造に費用が掛かるが、その費用はどのように負担されるのか、ということになります。

第一の問題について言えば、金貨幣の補給に使われる金は、流通手段としての金貨幣が一時的に引き上げられて蓄蔵されたものや、器や装飾品など金を使った奢侈的工芸品など、場合によってはそれらが鋳つぶされた金地金であったり、もっと根本的には産出された金ということになります。それらの金を材料に金貨幣が製造されて補給されるのです。もちろん、産出された金にしても、外国の金産地から貿易によって運ばれた金であることもよくあることです。

第二の問題について言えば、商品である金の生産は装飾品の材料のためであるので、生産手段生産部門に属します。しかし、金貨幣の製造となると、金貨幣は商品ではないので再生産表式のどちらの生産部門にも属しません。金貨幣はそういう特殊な生産物なので、金貨幣の製造は理論的な再生産表式では捨象されていて問題にはならないということです。要は、生産手段として生産された金の一部が金貨幣の製造に使われるということであり、このことが分かればいいのです。

第三の問題について言えば、金貨幣は資本主義経済の商品流通に不可欠であり、金貨幣の製造に掛かる費用は商品売買という商品経済のみに必要な費用すなわち「空費」になりますが、この場合は資本の流通過程あるいは資本の運動に要する流通費ではないので資本家が剰余価値からすべて補填するということにはならず、資本主義経済全体が負担することになります。では誰がどのようにその費用を支払うのかという問題になるのですが、そうなるともうこれは産業資本家の生産部門しか出てきていない再生産表式では取り扱うことができない問題になります。実際、金貨幣の製造は国の政府あるいは統治者の管轄であり、場合によってはそれらから貨幣製造権を与えられた権力者や貿易商企業が製造を行ったわけで、費用負担については一概には言えないのですが、国の政府や統治者であれば労働者の賃銀や資本家の得る利潤その他に課された租税として徴収したものなどから費用を支払う（補填する）ことになるでしょう。詳しいことは経済史研究に任せますが、金貨幣材料としての金をいろいろな金市場から買い上げるのは主に国の政府や統治者であったと言えるでしょう。

再生産表式で金貨幣の補給について語るとすれば、単純再生産の表式のなかで生産手段生産部門において金貨幣製造向けの金の分だけ多く生産されていなければならないということ、そしてその部分の金が貨幣材料として再生産表式の外部に出ていくということぐらいにして、それ以上のことについては再生産表式を使って論じる必要はない、あるいは論じてはならないというように思われます。

賃銀と所得ということ

可変資本（V）が不変資本（C）とともに生産資本の要素とされることになれば、それぞれは価値増殖の実現を達成するために投じられた資本の一部ということになり、可変資本と不変資本の本来の違いというものは生まれてこなくなります。同時に、生産物価値（C＋V＋m）のうち価値生産物（V＋m）は労働者の労働力によって新しく生産された価値ですが、可変資本部分として労働者に与えられる賃銀は労働者の所得、資本家の得る剰余価値は資本家の所得というようにともに「所得」として一緒にされることになれば、両者の重要な違いが見失われることになります。商品経済の形態によって覆い隠されるわけです。それでも、不変資本の価値は生産物に移転されるのに対して、それに付け加えられる新しく生み出された価値としての可変資本および剰余価値という違いは残されることになり、社会的に新しく生み出された所得として賃銀と剰余価値はともに「**国民所得**」と呼ばれることになるのです。

しかし、次に取り上げる分配論で問題になるのは資本家の得る剰余価値および利潤が資本家間に、また資本家と土地所有者にどのように分配されるのかということであって、労働者の得る賃銀は問題にはなり得ません。生産費および生産資本の一部である労働者の賃銀は労働者の労働によって生み出されたものであり、あくまでも生産論の対象です。そういう賃銀を資本家の所得としての剰余価値の分配形態である利潤、地代、利子と同じに論じることはできないのです。

現実の景気循環

さて、分配論の考察に入る前に、経済学原理で明らかになることが現実の経済にそのまま当てはまるものではないという点を景気循環の問題に関連して話しておきたいと思います。

損失の危険を冒しながら大きな利益を得ることを狙った、特定の商品に対する投機的価格上昇や投機的売買も、またそれらの突然の終息も、経済に混乱や景気の変動をもたらすということがあることは確かです。しかし、そういうことは多くは偶然的に生じるものであって、それらの詳細については段階論分析や現状分析でこそ問題にされなければならない事柄になります。また、労働人口の自然的増減、外国人労働者の雇用の経済への影響なども、それらの社会問題化と併せて、現状分析で扱われるべきでしょう。このように、経済学の方法として経済学原理、段階論、現状分析の順序を踏む三段階論を明確に提唱したのは、前述したように宇野弘蔵氏でした。

現実的には、価値法則にしても景気循環にしても、経済学原理のように純粋に現れるものではありません。しかも、景気循環については、19世紀の末になるとイギリスに遅れて資本主義経済化した国々が発展するに至り、世界経済を主導する国の多様化およびそれらの国家間相互の経済的影響などもあって世界経済の景気循環の規則的な周期が崩れて不況期を長期化させるようにもなってきます。19世紀初めから末前までの資本主義経済の典型的、自律的発展とは大きく姿を変えてくるのです。世界経済の構造的変化のほかに、偶然的な気象状況に左右される農業の不作なども関わってきます。現代では、石油・ガスの輸入不足などは大変な問題になりますし、希少資源の輸入停止でも起これば、これも大変なことになるでしょう。それは政治上の問題でもあり、貿易上の問題だとも言えます。これらによって、社会に必要な諸商品が生産されなくなったり、手に入らなくなったりするのです。

そのほか、戦争、疫病の蔓延、災害なども景気の循環を乱す要因でしょう。戦争や災害は、復興に向けて特別な需要を喚起する役割をもつことも確かです。もっとも、戦争や災害が膨大な国および民間の資産・財産を消失することもありうるのですが。とにかく、現実的には、景気循環に影響を及ぼす偶然的要因はいくらでもあるのです。しかし、そういうなかで資本の運動の自らの働きによって価値法則や景気循環を展開する動力があることも確かなのです。現実の偶然的な、あるいは経済外的な現象だけに眼を奪われていては、必然的、あるいは法則的な傾向的現象をつかむことはできませんし、現実的な経済現象を科学的に正しく分析することはできません。

ですから19世紀末からの重工業を中心とする巨大企業の発展を保護する国(政府)の経済政策の発動、さらに現代においては景気循環への人為的、経済政策的介入が極めて重要なものになっていて、利子率の操作その他によって景気の過熱を恐慌に突入することなく不況に持ち込んだり、大規模公共事業の推進などによる**有効需要の創出**および減税などによって不況からの脱出を手助けしたりすることになるのですが(こうした政策はアメリカでは「**スペンディング・ポリシー**〈支出政策〉」と呼ばれました)、資本の運動の働きによって生じる景気循環そのものを無くすことはもちろんのこと、好き勝手にコントロール(操作)することはできないのです。

「近代経済学」の景気対策

商品経済の無政府的生産のなかでは、生産された商品が需要を見出して売られていくことがとても大事なことであって、いつでも需要先が保証されているわけではないこと、しかし価格の調整によって社会的需要に応じた供給の体制が整えられるからこそ社会の維持・存続がはかられているということは、これまで話してきた通りです。ところが、実際の経済にはこうした価格調整を妨げる要因はいっぱいあって、経済政策的には商品の需要を人為的に掘り起こす有効需要の創出の政策が要請されることになるわけです。古典派経済学を含め、その後に19世紀末から20世紀初め頃にかけて誕生した初期の「**近代経済学**」も生産と消費、供給と需要の調和と均衡が自然的にはかられるなかで大きな経済的混乱なしに経済は成長できると論じたのですが、それでは深刻な失業や不況を生み出す恐慌からの経済の救済はできないとする経済学者は、すでに古典派経済学者のリカードが活躍する時代にもいて、その代表的な人物はシスモンディであり、またマルサスでした。そして後年に「近代経済学」の系譜のなかから登場したのが、イギリスの経済学者ジョン・メイナード・**ケインズ**（1883―1946）でした。ケインズの代表的な著書『雇用、利子および貨幣の一般理論』が示しているように雇用に力点を置き、ケインズは、完全雇用は公共事業による有効需要の創出、蓄積よりも投資の拡大、低金利政策などによって実現できるとしたのです。しかし、実際の不況はいろいろな予測できない原因で生じるため、度重なる不況や不況期の長期化によって財政悪化が問題化するに及んで、やがて反ケインズの立場に立って貨幣供給量の人為的操作による物価安定を重視して、財政支出が膨張する「**大きな政府**」から財政支出を抑える「**小さな政府**」への転換を促すことになる**マネタリスト**、**マネタリズム**、**新自由主義**の主張に席を譲ることになりました。その中心は、アメリカの経済学者ミルトン・**フリードマン**（1912―2006）でした。

このように「近代経済学」は経済成長の問題点の解決策としていろいろ提言してはくるのですが、経済構造そのものに根差した問題を払拭できるものではありません。それにしても、いつの時代にも経済学が経済政策論争として扱われることはあったのですが、スミス、リカードの古典派経済学には経済の運動法則をとらえつつ経済学原理を構築する方向にあったのです。だからこそ、その点を高く評価して、「俗流経済学」ならぬ「古典派経済学」とマルクスによって称賛されたのでした。そしてマルクス自身は、経済学原理のなかで恐慌や不況の発生の理論を展開することで古典派経済学を乗り越えようとしたのです。ところがケインズ以前の「近代経済学」は正しい価値論のない、単なる価格論によって自然に調和・発展のある社会が成立することを説いたり、景気循環の原因が必然的なものなのか偶然的・突発的なものなのかの区別もなく、ただもっぱら表面的な景気の波（波動）の変化を考察するものでしかなかったのです。「近代経済学」に限らず、19世紀末から20世紀初めの経済学の景気循環論はそういう傾向にありました。景気循環論が経済学原理のなかに取り込まれた形で論じられていないのですね。「近代経済学」を引き継ぐケインズ以来の流れは、単なる経済政策論争の流れでしかないようになっていると言えるでしょう。

それに、よくよく考えてみると、シスモンディ、マルサスも、ケインズも、みんな商品が売れないから経済破綻が生じると主張する「過少消費説」（経済破綻は消費が少ないことが原因で起きるという考え）の立場に立っていて、いつの時代でもこういう主張あるいは考えが普通に、常識的なものとして強く見られることになっているのですが、経済政策的には当然に手っ取り早くそういう視点から提言されることになります。ところが、それでは経済破綻の究明および経済破綻の回避策・救済策としては決して十分なものにはなり得ないし、経済学原理の体系化とは違った道をたどることになるでしょう。

もともと経済学とは経済の構造を正しく知ることを使命とするものであって、そういう経済学であれば、そのようないろいろな政策提言どおりに解決できるものではないことを教えてくれるでしょう。とにかく、経済学原理の世界では価値法則が貫徹して諸商品の需給を調整・調節しているということが大事なのであって、この認識をおろそかにしてはなりません。そういう価値法則の作用のうえに景気循環が必然化することを明らかにしなければならないのです。景気に波があることは誰もが知っていることです。古典派経済学者だって、そうですよ。知っているのです。でも、そういう景気の波があることを経済学原理のなかで十分に描き切れなかったのです。はっきり言って、しっかりした人口法則を究明できなかったことが影響していると思います。

みんなが古典派経済学は価格の運動による自動的な調整作用を重視したために経済破綻を問題にすることを不可能にしたと古典派経済学を批判するのですが、調整作用を重視したことが間違っているのではありません。経済学原理のなかで資本蓄積論を充実させ、自然的人口論を回避して経済破綻の必然性を論じることにこそ考察の眼が注がれなければならないのであって、単純な形で古典派経済学を批判して済む問題ではないのです。このことをよく理解してもらいたいものです。

景気循環をもたらす偶然的・突発的な要因、また原理では直接に解明できない現実的な諸現象を経済学原理の内容を基礎にして統一的に明らかにするのは、経済学の段階論および現状分析の課題になります。

4　分配論（剰余価値または利潤の分配論）から分かること

何をどのように誰に分配するのか

さて、これまでは商品経済の流通形態が生産過程を支配的に包み込んだ二層の構造が考察されてきました。これからはもう一つの層が加わった構造が考察されます。資本主義社会の経済の構造は三層構造なのです。でも、商品経済の流通形態である商品売買そのものの考察、生産過程での資本・賃労働の関係の考察はもう済んだものとして、そしてそれらのことは当然に内に含まれるものとして、これからの分配論の考察では前提とされます。分配論の視点で必要な限りでそれらを取り上げることにはなりますが、直接には取り上げないということになるのです。このことは経済学原理の構成上とても大切なことなので、注意が必要です。

分配論では、剰余価値を自身では直接に生産することのない資本家や土地所有者などの階級間の間で剰余価値が分配される様子を見ることになります。つまり、資本の生産過程で労働者によって直接に生産され生み出された剰余価値が資本家間に利潤および利子として、また土地所有者に地代として分配される関係が論じられるのです。商品流通そのもののなかで単なる価格差として偶然的に得られる利潤ではなく、社会を成り立たせている根幹である剰余価値の利潤としての分配という考察が中心です。それでも地代については地代のすべてが剰余価値の分配の形をとるのではなく、そういう剰余価値の分配のなかに生まれる、必要不可欠な土地という自然そのものの利用を根拠とする恒久的な価格差（つまり、偶然的かつ一時的な価格差ではないということ）から生じる、剰余価値を内容としない利潤が地代化する形をとる場合もあるということになります。地代論では資本主義経済の成立は近代的土地所有者の存在および近代的土地所有制の確立を伴うということが明らかにされるのです。

分配論で大事なことを二点、話しておきましょう。一つは、より多くの利益を得るために相互に競争する資本として、産業資本のほかに**銀行資本**、**商業資本**も登場してくるのですが、みんな同じ資本として表面的には同じ競争を繰り広げ、同じ結果を得ることを目指しているものの、剰余価値を直接に利潤として分配し合う産業資本同士の競争と、そういう利潤からの分与を得て利益とする銀行資本、商業資本の競争とでは根本的に内容が違うことを明らかにすることも重要なわけで、そのためにまずは産業資本が直接に生産する剰余価値の利潤としての分配をもたらす産業資本間の競争を重要かつ代表的な競争として論じることから始めるということです。そのあとで、銀行資本と商業資本が産業資本の運動を促進する役割をもつことを根拠にして産業資本の利潤の一部がそれぞれに分与される関係が重点的に考察されるのですが、その時には銀行資本や商業資本の競争の詳しい状況は取り扱われず、それらの資本も表面的には産業資本と同じ競争を展開し、みんなが同じ結果を得ることは前提とされてくるのです。どの資本も、流通形態的（表面的）には同じであることは「資本形式」の考察で見た通りですが、さらに踏み込んで、それらの内容、役割の違いを明らかにする必要があるのです。

また一つは、ここでは商品の価格が価値からある程度離れることは当然のこととして論じられ、商品売買の基準も価値とは違った、価値から離れた基準価格（「**生産価格**」）というものが出てきますが、そうであっても、生産論で論じた資本家と労働者の間の関係はもちろんのこと、また商品売買の基準（別言すれば「究極の基準」）が価値であることにも、何らの変化があるわけではないということです。この点が理解できていないために、経済学者の多くが、ここでつまずいてしまっています。ある論者は、マルクスの労働価値説は破綻しているではないかと、マルクスを批判しました。ある論者は、マルクスを弁護して、労働価値説は資本主義経済以前に有効なのであり、資本主義経済ではもはや価値法則に代わって生産価格法則や「最大限利潤の法則」などが貫かれるとして、マルクスの弁護にはちっともならない誤解に基づいた、それに何よりも正しい理解への道を閉ざす議論を展開したのです。また、ある論者は、分配論では価値や剰余価値を云々すること自体必要ではなく、分配論の利潤論では商品経済の現象形態である利潤や利潤率だけで押し通して行けばいい、商品売買の基準は中心価格というだけでいいという考え、あるいはそれに近い考えをもつことになりました。これでは、価値論のない価格論に陥ってしまって、経済学原理は無きに等しくなってしまうでしょう。やはり、さしあたり資本家間の関係が論じられるけど、それを資本家と労働者の間の関係とまったく切り離すのではなく、資本家と労働者の間の関係の基礎上に資本家間の関係が論じられなければならないのです。言い換えれば、価値から離れた価格の問題が論じられるけど、価値と無関係ではないですよということなのです。

私による問題解決　その2（価値法則との整合性）

また一つ付け加えて注意しておきましょう。資本主義経済では社会に必要とされる生産物は、商品の形態をとることはもちろんのこと、資本家が自由に競って生産することを通して供給することになります。「自由に競って生産する」とは自由に競って資本（生産手段への不変資本と労働力への可変資本）を投じるということなのであって、そのために生産や投資の行き過ぎ、言い換えれば経済の無政府性が生まれるのです。そういう行き過ぎが、商品売買および商品生産を規制する価値法則によって訂正・調整されることは、流通形態論と生産論によって論じられ、明らかにされたことです。ですから、諸資本の競争関係を取り上げる分配論のなかの利潤論では、もはや価値法則の貫徹は前提であって、直接には問題にしません。これは価値法則の「修正」でもないのです。価値法則が社会全体の経済関係を規制する、すなわち資本・賃労働の関係を規制するだけでなく諸資本の関係をも規制することは生産論で明らかにされました。先に話したように、利潤論では商品売買も直接の問題ではなくなります。ここ利潤論では、これから見るように、「**利潤率の均等化の法則**」が直接の問題となってきます。この法則も、価値法則と同様に、経済の無政府性の行き過ぎを訂正・調整するわけですが、価値法則は商品の需給一致という極点による訂正・調整であるのに対して、利潤率の均等化の法則は商品の需給の多少の不一致を残しながら、ほどほどのところで「行き過ぎ」を訂正・調整するものなのです。ある意味、こちらの方がより現実的な法則の作用と言えるでしょう。商品の需給の一致というのは、実際にはあり得ない、傾向的に存在する法則の作用を極端な形で抽象したものにほかなりません。現実的には、商品の需給の多少の不一致を残しながら、社会全体では社会的需要に応じた供給をなしているというわけです。資本主義経済に限らず、どんな社会であっても、社会が維持・存続されるとはそういうことなのです。そういう経済の原則が資本主義経済では経済法則という特殊な作用による「回り道」を経て実現されているのです。

では、利潤論の中身について、経済法則に関連する部分を中心に少し見ておきましょう。利潤論では産業資本家が自由に投資（資本の投下）を繰り広げる競争として、まずは種類を異にする商品を生産する相異なる生産部門間（「異部門間」とも言います）の競争が、続いて同じ種類（厳密には「同種同質」ということです）の商品を生産する同一の生産部門内（「同一部門内」とも言います）の競争が考察されます。この利潤論で言う生産部門とは、再生産表式論における生産手段生産部門や生活資料生産部門を指すのではなく、社会にあるいろいろな個々の産業部門（要するに個別的生産部門）を指します。それを理論の展開としてはまず種類の異なった商品を生産する全社会の代表的、中心的な個々の産業部門の集まりを問題にし、続いてそのなかの一つの産業部門を取り出してその内部に眼を移して、その部門内での同一種類の商品を生産する全社会の個々の産業部門の集まりを問題にするのです。この「そのなかの一つの産業部門を取り出して」ということが大事です。それぞれの問題の考察に出てくる産業部門（生産部門）はつながっているのです。今後の展開で分かるように、商品の価値というもので固くつながっているし、そういう価値をもち、社会的需要に対して供給に応じるという社会的役割を担っている商品には「**平均利潤**」が得られる「生産価格」（詳細については後述）が与えられるということになっているのです。

例えば、社会にそれぞれ種類を異にする商品を生産するA、B、C、D、E等々の代表的、中心的な個別の生産部門があるとすれば、Aその他の生産部門内にはまた同じ種類の商品を生産するa、b、c、dなどの個別の生産部門があるわけですよね。そういった個別の生産部門の関係を順次解明していこうというのです。

いずれの場合も、個々の生産部門という産業部門には個々の産業資本が登場し、そうした個別の産業資本の競争の様子が考察されるのです。ですから、まだ資本主義的な農業資本（借地農業資本）そのものとか、農業資本の特殊な事情を取り上げて論じることはないですが、そういう農業資本も農業に生産部門をもつものとしてここでの産業資本や生産部門の一般的な考察に含まれることになっています。

原理のなかでは「生産部門」という言葉を用いますが、産業部門とか生産企業部門、あるいは簡単に工場や生産企業と考えてもらえばいいでしょう。

異なる種類の産業資本間の資本競争

相異なる種類の産業資本間の各生産部門で生産された商品は生産部門ごとにそれぞれ異なった大きさの価値をもっています。どの生産部門で生産された商品もみんな価値をもっていて、それらの商品がその価値で販売されている関係にあります。商品を価値で販売して商品の社会的需要に対する供給を担っている社会的に代表的な、中心的な生産部門あるいは産業資本家が、ここには登場しているのです。まずは、この状況のなかで生産部門間での資本の競争が問題とされるのです。

各資本家にとっては、商品の価値が実現されることは重要ですが、競争という点では、商品が価値で売られることは資本家同士が互いに競争する目標にはなりません。各資本家としては、資本を投じる自由な競争の比較可能な目安は、同じ資本でいかに多くの利益（この場合は利潤）が得られるかということ、つまりそれに基づいて示される**利潤率**が高いことです。流通形態論で「資本」を考察する際に話したように、資本Gに対する利潤の割合が利潤率です。利潤論では産業資本が問題なので、資本は商品の価値のうちの不変資本と可変資本の合計、つまり記号で示せばC＋V＋mのうちのC＋Vであり、これがこの商品を生産するのに必要な費用、価格で言えば「費用価格」なのであって、C＋Vという資本あるいは費用価格に対する剰余価値（利潤）の割合が利潤率です。

資本家の目線というか、観念としては、資本のC＋Vのどれによってどのように剰余価値が生みだされるのかということは関心がないし、分からないことなのです。ただ、関心は、資本あるいは費用価格を超えて引き出される利潤の大きさだけです。そこで、資本家は、商人資本のようにできるだけ安く買い、できるだけ高く売ってより多くの利潤を得ることを目指すことにもなるのですが、すでに話したように、こういう資本家の行動によって偶然的に得られる利潤の追求だけでは社会的に限界があるのです。商品が価値どおりの価格で売られるとして、その価値に含まれる資本あるいは費用価格を超えて労働者によって生産された剰余価値の大きさによって生産部門間に利潤率の差ができれば、当然に高い利潤率をめぐっての各資本家間の競争が繰り広げられることになります。

その利潤率ですが、生産論での考察をまとめれば、利潤率を決定する要因には剰余価値率、費用価格を構成する資本の価値構成（不変資本Cと剰余価値を生産する可変資本Vとの割合）、資本の回転期間（回転率）の三つがあります。労働日の長さと労働力の価値の代価である賃銀はどこもほぼ同じなので、剰余価値率は社会のどの産業でも、つまり相異なる生産部門間でも均一になる傾向にあると言えます。ですから、そういう生産部門間で剰余価値率の相違による利潤率の違いが生まれることはありません。しかし、資本の価値構成は同一生産部門内では均一になる傾向があるのに対して、相異なる生産部門間では生産技術の水準が異なり、労働者数の割合が異なるので、相違するのは当然です。そのために相異なる生産部門間では、生産部門によって商品が価値で売買される限り剰余価値量の相違が生じて、生産される商品の費用価格が同じであっても利潤率の高いところと低いところが生じてきます。

資本の回転期間が相違すれば、すなわち回転期間が短く回転速度が速ければ一年間の回転度数が多くなって、その都度生産される剰余価値の量は同じでも年間の剰余価値の総量が大きくなるし、逆の場合は逆の結果になります。こうして年間の利潤率に違いが生じます。

ところが、資本の回転期間は労働期間を含む生産期間と流通期間から成っているのですが、この流通期間に含まれる商品の販売期間については産業資本がどうこうすることができません。常にその期間は無政府的、偶然的な商品売買にさらされているのです。そうした商品の販売期間は、結局、商品売買を専門に行う商業資本に任せられることになり、産業資本における資本の回転期間の問題は商業資本の活動の問題として論じられれば良いということになって、利潤論では論じないことになります。産業資本としては客観的、確定的な根拠がある資本構成の相違による利潤率の相違をめぐって競争を展開することになるのです。商業資本および商業利潤については、後になって利子論のなかで考察されることになります。

第三の経済法則——利潤率の均等化の法則

ところで、商品の種類はいろいろあるなかで、商品の種類によっては機械などの不変資本をたくさん使用するために多くの資本を投じなければ生産できない商品もあれば、あまりそうする必要もなく少ない資本で生産できる商品もあるわけです。そのほか、ある商品の種類は大量に生産・供給される必要があるために大規模に資本が投じられることになるし、ある商品の種類はその必要はなく小規模に資本が投じられることにもなるのです。要するに、社会にあって互いに種類の異なる商品を生産しているA、B、C、D（これらが社会全体の種類の異なる生産部門であるとして）の各生産部門では、それぞれ資本量の大きさは異なり、また資本構成も異なっていて、そこで生み出す剰余価値の大きさも、そして利潤率も異なっているというのが普通なのです。こういう状況のなかでこの生産部門間でより高い利潤率をめぐって資本を投下する競争が繰り広げられているわけです。

しかし、この資本競争を理論的に解明するのには、ただ漠然と利潤率の相違があるということではなく、投資の基準となる利潤率が各生産部門に同じ条件で得られていなければなりません。そこで、理論的には複雑な部分を捨象する（取り除く）ことがどうしても必要になります。実際に投資する場合にも、利潤率がどのように導き出されたものなのか、投資の基準として適正で正確なものなのかがハッキリしていなければ、利潤率の比較も投資もできないでしょう。このため、各生産部門で異なる資本量の大きさを百分比で表現するという方法がとられることになります。そうすれば各部門間を比較することが可能になるし、またそのように簡単化することが解明にとっては便利であるということになります。

それはA、B、C、Dの各資本量をすべて同一の100に置き換えて、資本構成、剰余価値、利潤率を比較するということです。資本構成が高ければ剰余価値を生産する労働者（可変資本）は少なく剰余価値は少ない、逆に資本構成が低ければそういう労働者（可変資本）は多く剰余価値は多いということで、利潤率の差が生まれてきます。すなわち、同一の資本であっても資本構成の相違によって得られる利潤が異なり、利潤率の差ができてしまっているのです。これでは、資本家にとっては不平等以外の何ものでもありません。考えてみてください。同一の資本に同一の利潤が得られるというのが、それを裏返して言えば、理由が何であれ資本量が大きければそれに応じて大きな利潤が得られるというのが、資本家間の投資の平等というものなのです。しかし、資本家は資本家間の不平等を平等なものにすることを目的に資本を投じるのではなく、資本家の誰もがより多くの利潤を得ることを目的により高い利潤率を目指して資本を投じることとなり、こういう資本家の行動があって結果的に資本家間の平等が確保されることになるのです。

例えば、生産部門Aで利潤率が一番低く、Dで利潤率が一番高く、BおよびCの利潤率はその中間辺りにあるとすれば、Dに一番多く資本が投じられることは当然の自然の成り行きです。A、B、Cから資本が流出してDへ流入するというように資本が移動することもあれば、D自身の資本がさらに多く投じられていくこともあるのです。ということは、Dの商品生産は増え、逆にとりわけAの商品生産は減少し、そうなるとDの商品の価格はその価値以下に下がり、Aはもちろんのこと、場合によってはBやCでも商品生産が減少してそれらの商品の価格はその価値以上に上がります。

こうした投資と価格の動きによって、結果的に、利潤率はどの生産部門でも均等化して同じになるとともに、そうした均等化した一般的利潤率によって与えられる平均利潤が得られるような、個々的には価値から離れることになる生産価格で商品は販売されることになります。こうして、どの生産部門でも一般的利潤率を前提に商品は費用価格に平均利潤を加えた生産価格で販売されて、同一の量の資本には同一の量の利潤（平均利潤）が得られることになるのですが、先に話したように、このことは資本量が違えば違っただけの、したがって例えば資本量が大きければその大きさに応じて多くの利潤が得られるということを意味しているのです。こうした資本家間の平等性が貫徹されていなければ、資本家は生産を続けることができないし、わざわざ多くの資本を投じて生産することもないのです。

生産部門Aなどの商品はその価値以上の生産価格で利潤を得ますが、これは価値どおりの価格以上の価格で販売されて得られる「譲渡利潤」とは違うので注意してください。社会的にはDで生産された剰余価値がAなどに分配されただけのことであって、社会全体の生産部門で生産された剰余価値が各生産部門の資本家に利潤として分配されたにすぎません。ですから総剰余価値＝総平均利潤なのです。資本の生産過程によって生産されてくるすべての商品が生産価格で売買されるのですが、このことによって剰余価値の生産および資本・賃労働の関係（価値関係）が変化することはありません。それゆえ、価値法則の作用に問題が生じるとか、価値法則は修正されるということはまったくないのです。

ただ、そのうえでさらに突き詰めて考えてみなければならない問題があります。それは、利潤論に至るまでは商品はその価値あるいは価値どおりの価格を基準にして売買されるのであり、それが価値法則の作用というものだと論じられてきましたし、また利潤論でも最初は商品の価値どおりの売買による剰余価値および利潤率の比較から論じ始められたわけで、ここで今や商品売買の基準がその価値および価値どおりの価格から離れた生産価格に代わるということが諸商品の需給一致にどう関わるのかの説明がなされなければならないということです。実は、原理の構築においていろいろと大きな功績を残した宇野弘蔵氏にあっても、なぜかこの説明が十分に、わかりやすく行われているようには見えないのです。私はすでに「私の問題解決　その2（価値法則との統一性）」の箇所で話しておいたのですが、そのことがこの問題を解く鍵だと思います。

確かに価値法則が貫かれるなかで利潤率均等化の法則も貫かれるのです。しかし、これらの作用は同じではありません。商品の価値も生産価格もともに資本主義経済の無政府性のなかにあって商品の売買および生産を規制・調整する基準なのですが、価値法則は商品の価値という究極のところでそうした規制・調整をする法則的作用であるのに対して、利潤率の均等化の法則は高い利潤率を求めて投資する資本家の行動あるいはそれによって生み出される無政府性の「行き過ぎ」を、生産価格の形成によってほどほどのところで規制・調整する法則的作用なのです。ですから、後者の場合には、規制・調整といってもほどほどのところで資本主義経済の無政府性が残されたままの規制・調整になっていて、社会全体的には多少の需給不一致が出る形になっています。言い換えれば、商品を厳格に需給一致ではなしに社会的需要に対してほどほどに合わせて供給するということなわけです。ところで、ある生産部門に資本を投じるということは機械や道具、また原料のほかに労働者ないしは労働力を投入するということです。したがって、いろいろな種類の商品を生産する各生産部門間での資本の移動や、追加資本の投下が商品の生産価格を基準にして行われるということは、労働者を含むそれらの各生産部門への社会的配分にしても多少の無駄を残しながらも、できるだけ無駄なく配分されるという社会存立の重要な形をつくり出しているということにほかなりません。

なお、生産価格というのは経営学上で言う「生産者価格」とは違うので気をつけましょう。生産者価格は「卸売価格」、「小売価格（消費者価格）」という言葉に対応して使われるまったく別個のものです。

同じ種類の産業資本内の資本競争

異なる種類の商品を生産する各異部門の間では、より多くの利潤率をめぐる諸資本の競争は結果的に利潤率の均等化をもたらし、その各部門で価値をもつ商品は生産価格で売買され、そういう商品を生産する生産部門および諸資本には平均利潤が得られることになるのでした。しかし、そのそれぞれの生産部門の内部、すなわち同種の商品を生産する同一部門の内部には、「**生産条件**」を異にする産業資本の個別的生産部門（個別資本）a、b、c、dなどがあって、これらの個別的生産部門の全部が等しく平均利潤を得る（言葉を付け足せば「投下資本に対して平均利潤を得る」）ということにはなっていません。同一生産部門内の問題になっても、生産条件および生産部門の相違があるなかで、商品の価値を規定する社会的に中心的かつ標準的な生産条件および生産部門に平均利潤が得られる関係にあることはこれまでの議論で容易に理解できるでしょう。それにとどまらず、そのなかに個別的価値と社会的価値が現れ、しかし同一生産部門内の同種同質の諸商品は一物一価の原則に基づいてみな同じ価格で売られなければならないということから、平均利潤以上の利潤を得るところもあれば、場合によっては平均利潤以下の利潤しか得られないところもあるということになるのです。平均利潤以下ということになると、それでも何とか生産を続けていこうとする生産部門もあれば、もう生産停止を考えざるを得ないという生産部門もあるということになります。諸資本はこうしたなかで利潤率をめぐる競争を展開することになっているのです。このことが同一部門内の資本競争として考察されることになります。

　こうした考察により、商品の売買と生産の究極的な基準であり、それらを規制する商品の価値がより深くとらえられ、また生産価格が同一部門内に与える影響にも注意が向けられます。それで商品の価値および社会的価値（個別的価値との関係では社会的価値となります）は、社会的に必要とされ需要される商品を生産・供給する側の市場との向き合い方がこれまで以上に問題とされることから、「**市場価値**」とも呼ばれることになり、異部門間との関係で形成される生産価格は「**市場生産価格**」とも呼ばれることになります。そして、商品の価値を基準に変動する価格は「**市場価格**」とも呼ばれることになるのです。こうして、同一部門内での状況は**市場価値論**として論じられることになります。

一つの結論を先に話しますと、市場価値論では、市場において大量を占める支配的な商品が市場価値をもつ、あるいはそうした商品を生産する生産条件が市場価値を決めることになり、そういう市場価値がまた市場生産価格になって現れるということが、つまり市場価値を決める生産条件を備えた社会的に大多数の生産部門および諸資本には平均利潤が与えられることが明らかにされるのです。「大量を占める支配的な商品」を生産する生産条件とは、言い換えれば社会的に支配的かつ中心的な、基準となるべき生産条件ということになります。そうした市場価値あるいは市場生産価格、さらにはそれらを規定する生産条件が、同一部門内の個との関係を通して、すなわち個別的生産部門との関係を通して出てくるわけで、その過程を考察するのが市場価値論の課題ということになるのです。その場合、次の二つの局面を見なければなりません。一つは生産力を高める生産方法の相違に基づく生産条件の相違という局面であり、もう一つは同じ生産力水準にある同じ生産方法のもとでさえ生じる生産条件の相違という局面です。

「生産条件」の意味

ところで、話を進めるためには「生産条件」とは何なのか、それは「生産方法」とは違うのか、違うとすればどう違うのかをもう少しハッキリさせておく必要があります。まず生産条件について言えば、それは文字通りでは「生産を実行するのに必要な事柄、範囲」という意味であり、広い意味では「生産が行われるための環境」あるいは「生産のために整えられるべき態勢」というぐらいのことでしょう。つまり、社会的に必要とされる商品（その使用価値と量）をその社会的需要に応えて生産・供給するのにはそれなりの生産環境なり生産態勢を整える必要があるわけですよ。具体的には設備、技術、労働力や生産手段等々に投じられる資本量などを整えることになるのですが、それらが最低限どれほどのものになるかは社会的に決まってくるわけで、そういうものが整えられていなければ社会が必要とする大量の商品を「市場」に送り込むという社会的な役割は担えないのです。そして、そういうものを整えた生産条件が社会的な商品の市場価値をもつ、すなわち市場価値を決定することになり、その生産条件には平均利潤を与えられるということになっているのです。実にすばらしいと言うか、見事な商品経済のシステムですね。この関係をしっかり頭に入れておかなければなりません。

では「生産方法」というのはどうでしょうか。一般的には「価値を増殖する生産方法」ということでいいのですが、ここで取り上げられるのは特に「相対的剰余価値の生産方法」ということです。それに関わる言葉としては「新生産方法」や「従来の生産方法」、「生産方法の改善・普及」、また「資本主義的生産方法の発展」などと使用され、これらの生産方法の意味するところは、「労働生産力を高める生産の仕方」ということになります。生産条件の相違といった言い方のなかには、生産力を高める生産方法の相違も含まれてくる場合もあれば、含まれない場合もあるのです。生産技術水準や生産力に関わる生産方法の相違による生産条件の相違は、普通にいつでもあるというのではなくて、特定の時期に限られる特別な（「特殊な」とも表現されます）相違であり、重大かつ決定的な相違であると言えます。この場合は、すぐあとで話すように、また特別剰余価値の生産の考察の場である程度話したように、商品のもつ個別的価値そのものが引き下げられて、そのことが結局はやがて商品の市場価値そのものを引き下げることになります。商品を生産・供給する側の能動的な行動があるわけです。一方、生産方法が同じであったとしても、そこに細部にわたって普通にいつでも残らざるを得ない生産条件の一般的な相違というものもあるのです。例えば、生産力に違いはなくても機械の配置、原料の置き場、照明の仕方等々による作業能率の違いのために無駄な費用の節約あるいは生産量に多少なりとも違いが出ざるを得ません。また生産の立地条件による生産性の違いということもあるのですが、この立地条件というのは別に角度を変えてのちに論じる地代論に関係する問題となって、この市場価値論が地代論の考察につながる面をもつことになります。それはともかく、とにかく市場価値論における生産条件の一般的な相違についての考察では、生産部門ごとにいろいろな個別的価値をもついろいろな生産条件があって、そのどの生産部門の生産条件の個別的価値が市場価値となって現れるのかということが論じられます。要するに、市場価値を決定する生産条件が市場との向き合い方によって、具体的には市場での商品の需給変動や価格変動によって、社会的にどのように流動的に選択されてくるのかが問題なのであって、商品を生産・供給する側の能動的な行動によって商品の個別的価値や市場価値そのものを変化させたりする事態は出てきません。この点、注意が必要です。そして、生産条件の特殊な相違と一般的な相違のこの両方において、市場で大量を占める支配的な商品が市場価値をもつ、あるいはそうした商品を生産する生産条件が市場価値を決めるということが貫かれるのです。

生産方法の改善と超過利潤

以上のことを念頭において、同一部門内の状況をまずは生産方法の相違による生産条件の違いについて改めて見ることにしましょう。この点は、すでに生産論の「相対的剰余価値の生産」で扱われた社会的価値と個別的価値との関係、そこでの特別剰余価値の発生が市場価値論の問題としてとらえ返されてくることになります。すなわち、社会が必要とする商品が社会的に標準的かつ中心的な従来の生産方法を使う生産条件によって、またそういう生産条件によって決定される市場価値に基づいて生産・供給されているところに、生産力をさらに高めるような改善された生産方法を採用する生産条件を備えた個別的生産部門が現れます。その新しい生産条件で生産された商品の個別的価値は市場価値よりも低いため、一物一価の原則により同種同質の商品は市場価値(市場生産価格)に規定された同じ市場価格で売買されるという原則に従うことになれば、その新しい生産条件には平均利潤とともにこれを超える超過利潤が得られることになります。

この超過利潤は特別剰余価値を内容とするものであって、新生産方法が社会的に普及されるまでの間という期限限定で新生産方法を採用した生産部門に得られるのですが、単に市場価格が生産価格以上に上昇したときに一時的に発生して得られる超過利潤とは違います。この後者の超過利潤は価格変動という商品経済に特有な現象によってのみ生じ、市場価格が生産価格によって調整されれば消失します。そういう超過利潤は、ここでは問題ではありません。すでに話したように、特別剰余価値を内容とする超過利潤はあらゆる社会に共通する社会発展にとって極めて重要なものとなります。

もともと生産方法の改善は、技術的に改良された機械の導入および工場設備の改善などによる旧来の固定資本の更新に多大な費用を要するわけですが、資本主義経済では社会的に必要となる固定資本の更新に応じる諸資本が特別剰余価値を私的（個人的）に得てその費用に充てるという形になっていて、資本としては、商品の市場価値を低下させて従来の生産方法のもとでの生産関係を変化させる特別な必要に迫られて行われるものになります。生産方法の改善の過程で従来の市場価値と新生産方法による低下した個別的価値との差に基づいて発生する超過利潤、言い換えれば市場生産価格と個別的生産価格の差である超過利潤は、生産方法の改善を果たす各資本および各生産部門に商品経済のメカニズムを通して与えられる「改良費」なのです。「改良費」という名称その他については特別剰余価値に関連してすでに話した通りです。

そのような超過利潤を得る利益に支えられて新生産方法の普及が達成されるのであり、こうしたより優良な、より有利な生産条件が社会化・支配化します。こういう形で、生産方法に関わる生産条件は社会的に均一化することになるのです。この過程は超過利潤も次第に消失する過程なのであり、ついには新生産方法によって生産された商品の個別的価値が社会的な市場価値となり、新生産方法を採用した生産条件によって生産された商品が市場で大量を占めるに至るというわけです。

市場価値を決定する生産条件のもう一つの選び方

では次に、同じ生産方法を備えた生産条件であっても、なおそこに残らざるを得ない生産条件の相違というものに眼を移すことにしましょう。先に話したように、そうした生産条件の相違は、機械による生産力とは関係のない作業能率の違いによって生じる費用の節約や生産量のわずかばかりの相違によるものです。労働の強度や労働時間の長さ、作業範囲が同じであっても、また資本規模が違えば当然のこと、資本規模が同じであっても、同一部門内にはそうした内容の生産条件の相違は不断にいつでもあるわけです。そのため、そこには常に利潤率のわずかな差も生じてくるのです。ですから、こうした細かな生産条件の相違は生産力に関わる決定的な生産条件の相違と違って資本自身ではどうにもならないとも言える相違ですが、どんな社会であっても経済活動には付き物の、無くすことのできないような相違なのです。もちろん、どんな社会の経済活動であれ、より有利な生産条件が長い時間を掛けてでも経済のなかに取り入れられていくことは間違いありません。それはともかく、資本主義経済では細かな生産条件の相違も商品経済に特有な価格現象のうちに包み込み、同一部門内の各生産条件の間のわずかな利潤率の相違となって示されてくることになります。ところが、ここが大事なのですが、そうした利潤率の相違は部分的に残らざるを得ないものとしてありながら、異部門間の関係での生産価格の成立を前提に、大勢的には社会的に中心的かつ支配的な役割をもつ特定の生産条件には平均利潤が得られるという形で利潤率の相違が解消される、あるいはとりあえずはそういう形でしかわずかな利潤率の相違は解消されえない、ということになっているのです。

つまり、そうした生産条件の相違については、社会的に標準的な中位の生産条件があって、それよりも優位な（優良な）上位の生産条件もあればそれよりも劣等な下位の生産条件もあるということになり、大きくはこの上位、中位、下位の三つの部類に分けることができますが、ここにも市場で大量を占める支配的な商品を生産する生産条件が市場価値および市場生産価格を決めるという関係が貫かれてきます。それで、そういう市場価値および市場生産価格に合わせた一物一価の原則により作業能率の差に基づく利潤率の多少の相違がまだまだ各生産部門の間に残る反面、商品の社会的需要に応じて中心的かつ支配的に生産・供給をなす生産条件には当然に資本が集中的に投じられていることになります。

普通は社会的に標準的な中位の生産条件で生産された商品が市場で大量を占めることになっていて、その生産条件が市場での変化にも臨機応変に中心的に動くと言えます。同種同質の商品の増産が必要になれば増産に応じ、減産が必要になれば減産に応じるわけです。でも必ずその生産条件に限られるのかと言えば、そうとも言い切れないのですね。市場での商品の需要に対する、また市場での商品の価格に対する各生産条件の対応の仕方いかんによるということになるのです。例外的なことがないとは言えないのです。そこで例えば、上位の生産条件に近いところで、またはその生産条件でそういうことが起きれば、上位の生産条件に近いところで、またはその生産条件で市場価値および市場生産価格は決まります。これは商品の需要が減るか供給が増えるかして、その市場価格が下落したときにありうる現象になります。この場合は下位の生産条件では生産のこれ以上の継続は難しくなります。反対に、下位の生産条件に近いところで、またはその生産条件で生産された商品が市場で大量を占めることになれば、その生産条件に近いところで、またはその生産条件で市場価値および市場生産価格は決まります。これは商品の需要が増えるか供給が減るかして、その市場価格が上昇したときにありうる現象になります。この場合はより有利な上位の生産条件はもちろんのこと、中位の生産条件でも平均利潤とともに多少の超過利潤が得られることになります。こうした超過利潤は、生産力に関わる決定的な相違を根拠にして得られるものではなくて、一般に残らざるを得ない単なる作業能率の相違を根拠にして得られる超過利潤になります。

市場価値論の反省と意義

同一部門内における生産条件の特別な相違と一般的な相違はともに市場価値論として論じられる必要があるとしても、この両者は区別して論じられなければなりません。そのうえで両者についての的確な考察が行われなければならないのですが、市場価値論の論者によってはこの両者の混同のうちに、あるいは一応は区別はするが両者を一緒くたにして混在させて論じるために、無用な混乱や不明確さを招いているように思われます。宇野弘蔵氏による展開でも氏の表現のむずかしさに私には理解できない点が残るのですが、宇野氏に学びつつ私なりに市場価値論をまとめてみました。

経済学原理は極めて抽象的な世界を扱っています。ですから、かなり簡略化されてもいるのです。そのことをよく理解する必要もあります。しかし、そこには資本主義経済に流れている経済法則が鮮明に現れているのです。そうした経済法則の作用は誰にでも分かる言葉で、理路整然と、スッキリと論じられる必要があります。それなのに、「生産条件」の定義さえ行われずに市場価値論の展開がなされてしまっているのはどうしてでしょうか。「生産条件」という分かったようで分からない言葉が軽く扱われてしまっているように感じられてなりません。

資本主義経済は、いくら商品経済が支配的であるとはいえ、商品経済の無政府的な経済活動だけで成立しているわけではありません。それだけならいつでも混乱・混迷は絶えないわけで、そもそも社会として成り立ちません。商品経済の自律的（自立的）な法則的作用を軸に、それに支えられているからこそ、社会として成り立っているのです。経済学原理はそのことをしっかりつかんでいて、原理の理論展開の軸には商品がその価値を基準にして売買・生産されることを据えることになっていました。そのことは、「流通形態論」では貨幣の価値尺度としての働きを通しても明らかにされましたし、「生産論」では商品の価値がその生産に必要な労働量（労働時間）によって決定されるということが、さらにはその価値は実は社会的価値であって、商品の社会的価値はその生産に〈社会的に〉必要な労働量（労働時間）によって決定されるということが、価値の内容として与えられたのでした。そして「分配論」では、その社会的価値である商品の価値は異部門間の関係では生産価格となって現れ、生産価格が商品の価値に代わって社会の必要とする商品の需給およびその価格変動をほどほどのところで調整する役割を担うことが示され、同一部門内ではそれら商品の価値と生産価格はそれぞれ市場価値および市場生産価格と呼ばれるものになります。しかも市場で大量を占める支配的な商品を生産する生産条件によって市場価値が決定され、そのような生産条件には平均利潤が与えられるという、商品の価値についてこのような奥深い内容が与えられるに至るのです。

付け加えて言えば、商品の価値については、資本家間の関係を扱う分配論のなかでのことであっても、商品の価値があらゆる社会に共通な労働生産過程を基礎にしていて、資本家と労働者の間の関係を規制しているということ、それゆえ資本家間の分配関係がどのように変化しようとも、資本家と労働者の間の関係（価値関係）を何ら変化させるものではないということを忘れてはなりません。

さて、原理の展開において商品の価値が、そして商品の市場価値が引き合いに出されてくるのは、この市場価値論までです。これからの地代論、銀行資本や商業資本を論じる利子論ではもっぱら生産価格を軸に理論が展開され、商品の価値および市場価値は背後に置かれることになります。地代論で現れる農業資本家も産業資本家であるわけで、そのために農業生産物である商品の価値が問題になる場合がありますが、その場合でも商品の価値はあくまでも背後に置かれたものであることは間違いありません。今後は社会的な生産価格の形成および平均利潤の取得を前提に、引き続き資本主義経済にとって重要な社会的役割をなすものには、しかもたとえ資本が直接に商品を生産したり価値を形成したりすることがないとしても、投下資本に対して平均利潤が与えられることが明らかにされます。またそれに加え、経済法則による経済の調整基準をもちながらも景気循環中の恐慌局面が必然的に発生すること、またこれもが別の形での経済の調整の仕方であることなどが明らかにされるのです。

地代論に入る前に、今一度、一物一価の原則について触れておきましょう。

一物一価の注意点

一物一価の原則は、経済学原理の展開では、同一部門内におけるいくつかの個別資本の間の生産条件の相違が論じられ、特定の生産条件によって市場価値および市場生産価格が決定されることを明らかにする市場価値論になって、重要な意味をもって取り上げられてくることになります。

私は、これまでにすでに触れる機会があったように、この一物一価の「価」とは価格のことであり、一物一価は「商品経済の原則」であって「法則」ではないと思っています。そのように理解して市場価値論で不都合のことは何もないのですが、意外にも一物一価についての統一的な正しい認識がまだできていないようでもあるので、もう少し考えてみましょう。

種類が異なる諸商品の間で価格が同じでないことは、それぞれの商品の価値あるいは費用が異なるので当然です。それに対し、同じ種類の、そして同じ質の諸商品は、それぞれの商品の価値あるいは費用が異なっても、同じ価格をもって売買されるというのが一物一価というものです。それぞれ同種同質の商品の価値あるいは費用が異なるのでそれぞれ違った価格で売買されて良さそうなものですが、そうはならないのです。なぜなら、同種同質の諸商品は、いわばそれぞれまったく同じ商品なわけで、価格としては同じ価格をもつのは自明の理であり原則（私の言う「商品経済の原則」）だからです。それが一物一価というものであり、少なくとも原理的には一物一価についてはそういうものとして商品経済のなかで貫かれるものになっているとすればいいのです。何も売り手と買い手の間の競争を通すことで成立するというような説明をわざわざする必要はありません。

ところが、経済学辞典その他での一物一価の説明を見ると、原理の対象にはなりえない対外貿易市場間における同種同質の諸商品の価格の相違を取り上げたり、あるいは例外的に同種同質の諸商品の間に価格の相違があることを問題にして、売り手と買い手の間の競争を通して共通の「均衡価格」が形成され、こうした諸商品はこの一つの同じ価格で売られることになる、この現象が一物一価であるとされているのです。商品もその価格も現実の具体的な経済のなかにはいろいろなものがあって、概してこういう価格現象の説明が必要となる場合もあることは認めます。でも、これだけでは一物一価の説明としては不十分としか言いようがありません。しかも、競争を通して形成されるからなのでしょう、一物一価の「法則」だと言うのです。このように価格だけの現象をとらえて「法則」だと言うのは行き過ぎでしょう。商品の価値および商品の価値との関係については何も論じられていません。これでは経済学原理の市場価値論における一物一価の役割や作用は分かりませんし、なぜ市場価値論で市場生産価格が論じられることになってとりわけ一物一価が重要な意味をもつことになるのかは分からないでしょう。むずかしいことではありません。表面的には同種同質の諸商品が同じ価格で売られ、だから内部ではいろいろな差が出て、そういう差を資本家間の投資の平等性が保証されるように調整するメカニズムが働いているということなのです。

確かに、一物一価は価格現象であると言えます。しかし、資本主義経済にあっては、それは商品の価値（社会的価値あるいは市場価値）と無関係ではありません。同一の生産部門内を対象に展開される市場価値論で言えば、同種同質の諸商品が一方で個別的価値があるなかで社会的には市場価値で売られる、そしてその市場価値が市場生産価格にもなるのですが、そこには価値法則が貫かれると同時に、基本的には同じ価格で売られるという一物一価が「商品経済の原則」として貫かれることになっているのです。

「法則」と「原則」という言葉で言えば、価値をもつ商品がその価値（社会的価値、市場価値）および市場生産価格を「基準」にして、変動する価格（市場価格）を訂正・調整するのが「法則」になります。それに対して、取り立てて証明する必要もない自明の理であることは、「原則」になります。ある商品に対する需要が供給よりも大きければ価格は上昇し、需要が供給よりも小さければ価格が低下するという面だけをとらえて言うのであれば、そういう価格の上下変動は自明の理であって、その価格の変動自体は「商品経済の原則」であって、「法則」ではありません。そのような需給変動および価格変動だけでは商品経済のほどほどの「無政府性」を表現したものでしかないでしょう。

もっとも原則は、原則を外れた例外を伴うことがあります。つまり、一物一価の例で言えば、同種同質の諸商品の間に価格の相違はありうるのです。しかし、そういう例外的な現象は、基本的に（ですから、触れてならないということではありません）原理の対象にはなりません。商品の価格がその価値から離れて変動したり、その価値がそういう価格変動を訂正・調整することは資本主義的商品経済では必然的なことであり、だからそういうものは原理の対象になるのです。

ところで一物一価の「価」は価格で、一物一価は商品経済の原則なのですから、資本主義的商品経済の社会でなくても商品経済がありさえすれば、すなわち生産物である商品が明確に価値をもっていない状態であっても、価格現象としては確実に貫かれることになります。そういう一物一価が、商品が明確に価値をもつに至る資本主義的商品経済においてもそのまま「商品経済の原則」として価格現象に確実に貫かれることに何ら不思議なことはありません。それで原理の展開では、一物一価の「原則」は、個別的価値に対する社会的価値あるいは市場価値の関係が論じられる背後にあって、また地代論では前面に出て、重要な役割を発揮することになるのです。

近代的な借地と地代

これまで工業部面の産業資本を見てきたのですが、そういう産業資本も労働対象である土地を生産手段として利用しています。その場合、実は、その土地には土地所有者がいて、資本家が自由に利用するわけにはいきません。資本家が土地を利用するには土地を借りるわけで、資本家は土地所有者との間で借地契約を結び、借地契約が解約されるまでの借地期間中は、土地の借地料である「**地代**」を土地所有者に支払わなければなりません。これまではこういう点の考察は必要なかったので省略されていたのですが、ここでは資本家と土地所有者の間での地代の支払いの関係が考察されるのです。資本主義経済の典型的な歴史的発展というものは、資本家と労働者の階級関係の発生と同時に資本家階級と対立する近代的な土地所有者階級の発生を見ることになったのです。

経済学原理の考察対象の純粋資本主義社会では、このようにどの土地にも近代的な私的土地所有者がいることが前提になります。農業耕作地のほかにも、建物の敷地としての土地、動力源としての落流（滝など）のある土地、山林のある土地、鉱山の土地、畜産のための土地などいろいろあるのですが、産業資本家がこれらの土地を利用して資本を投じる場合、土地という自然力の利用が費用の節約あるいは収穫量の増加をもたらすことになれば、またただ単に土地を利用しただけでも、その土地の貸主である土地所有者に支払わなければならない地代が発生します。また、そうした土地には利用目的に対して最適・最良な条件のものとそうでないものなどいろいろあって、そのためにいろいろな地代の金額が違ってくるのです。

生産手段である土地に土地所有者がいるということは資本主義経済以前にもありました。例えば封建制の社会には封建的領主が土地を所有し、その所領である土地で農業生産物を生産する農業労働者が剰余労働によって得る部分を封建地代として土地所有者に譲り渡すということが行われていました。その地代はときには「税」(日本では「年貢」)とも呼ばれたのですが、それはともかく奴隷制や封建制の社会での地代の根拠は支配・隷属的な借地関係に置かれていて、誰の眼にも明らかである反面、地代の経済的な根拠となると不鮮明であったとみることができます。資本主義経済では、土地の借地関係も封建社会のように経済外的な関係のなかで取り結ばれるというのではなく、商品経済的な関係のなかで取り結ばれてきます。そうなると農業労働者の剰余労働の剰余生産物が、労働地代や現物地代、または金納地代として土地所有者に譲渡されるという単純なものではなくなり、商品経済による複雑な構造のなかで地代(貨幣地代)が形成されて土地所有者に支払われることになります。しかし、資本主義的商品経済において資本家間の平等性がはかられるなかで、地代の経済的な根拠も鮮明に現れてくることになるのです。このことが地代論で明らかにされるのです。

論理の展開に関連してまず大事なことを話しますと、資本主義的な地代を考察する地代論は市場価値論を引き継ぐ形で論じられるのです。したがって、市場価値論で論じられた、同一(生産)部門内での諸資本の競争のなかでの価値法則の貫徹、そして平均利潤が与えられる生産価格および市場生産価格が形成されていることは前提になります。

ところで、市場価値論では同一部門内での生産条件の相違が生産力を高める生産方法の改善によって生じること、また生産方法が社会的に均一化・標準化したにしてもより優等な生産条件、より劣等な生産条件という関係が残らざるを得ないこと、そして前者においても後者においても、より優等な生産条件には平均利潤を超える超過利潤が生じることが明らかになりました。そして、この超過利潤発生の仕組みが資本主義的地代の形成にも関わってくるのです。このことを、工業部面と農業部面の二つに分けて見ていきましょう。

工業部面において生じる地代

例えば、工業部面で、同じ種類の生産物を生産するのに社会的に中心的な生産条件を備えた資本家がみんな機械による生産の動力源として蒸気機関に資本を投じているのに対して、別の資本家がそれより有利な動力源として落流という自然力を利用することになれば、落流利用のこの資本家はより少ない費用で同じ種類の商品を生産することになります。この資本家は優等な生産条件を備えて生産していることになるわけですね。この生産部門の市場価値および市場生産価格は社会的に中心的な生産条件によって決定され、ここでは蒸気機関利用の生産条件がそれに当たります。そこで、蒸気機関利用の生産では費用価格が１００、落流利用の生産では費用価格が90とすれば、両資本家とも市場生産価格の形成を前提に商品を一物一価の原則により同じ価格で販売するので、両資本家とも一般的利潤率を基にして前者では１００に対応した平均利潤を得て、後者では90に対応した若干少ない量の平均利潤（しかし利潤率は前者と同じ）のほかにそれを超える超過利潤をも得ることになります。つまり、落流利用の後者の方がより少ない費用でより多くの利益（利潤）を引き出しているわけです。
しかし、落流利用の資本家はこの超過利潤をそのまま自分のものとして得ることにはなりません。落流のある土地は土地所有者によって所有されていて、その土地によって超過利潤が生じたことになり、この超過利潤を地代としてその土地所有者に支払わなければならないのです。それでもこの資本家は、平均利潤は自分のものとして得ることができ、資本投資の平等性は確保されることになっていて、何ら問題はないのです。

ここに、蒸気機関を利用する資本家のなかに、改良された生産方法を用いて90あるいはそれ以下の費用価格で生産する資本家が現れ、その生産方法が社会的に普及することになれば、当然に落流利用、したがって地代の支払いの存在そのものが意味をなさないものになります。蒸気機関の利用の資本家間には、新生産方法の採用の過程のなかで特別剰余価値を内容とする超過利潤が生じますが、それが一時的に得られるものであることも含め、この点についてはすでに話した通りです。そういう超過利潤と地代となる超過利潤とは、いずれも平均利潤を超える、それ以上の利潤でありながら、性格が違うのです。

農産物を生産する農業部面となると、土地利用の排除は考えられません。そのため、農業部面では地代となる超過利潤は恒久的に生じるものとなります。土地を利用して農産物などの商品が生産される場合、その生産には労働者の労働が加えられ、これによって価値や剰余価値が生み出されますが、自然そのものである土地は価値も剰余価値も生み出しません。要するに、剰余価値を内容としない超過利潤が、それを得る資本家から土地所有者へ地代として分与されるという形になるのです。まずは、地代はそういうものとして押さえておく必要があります。しかし、地代はそれだけではありません。土地を利用する資本家から剰余価値が地代として分与される形もあるのです。次には、土地利用の典型である農業部面、それも小麦生産を例に、地代についてより詳しく見てみましょう。

農業部面において生じる二つの差額地代

農業部面には、土地所有者、借地農業資本家（簡単には農業資本家）、農業労働者がいます。でも、農業生産物の直接の生産者である農業労働者は表面には登場してきません。と言うのも、地代の考察で重要なのは農業資本家間の競争関係、それに土地所有者と農業資本家という階級間の利害の対立関係になるからです。そして、ここでは機械による労働生産力の比較なり費用価格の比較といったものではなく、自然という土地を利用した生産性の比較、すなわち収穫量の比較が問題になってきます。農業経営に必要な資本は労働者の労働力に投じられる資本と生産手段に投じられる資本になるのですが、生産手段には原料になる農産物の種子、補助原料的な肥料、それに耕作・種まき・収穫に用いる道具および機械から運搬用の車、農作業に使う牛や馬、水やり用の設備、灌漑や排水の設備、納屋・倉庫および農作業建物などに至る固定資本が含まれます。

農業資本家は、資本家として利益（利潤）を得るために資本を投じます。もう少し具体的に言えば、何としても、ですから最低限、費用価格を超える利潤を得るために、しかしできることなら平均利潤はもちろんのこと、平均利潤以上の利潤を得るために資本を投じるのであり、これらが実現されるために結局は、農業労働者を使って、また土地の豊度を利用して小麦の収穫を増やすために資本を投じるのです。農業資本家の投資とはそういうものであることは知っておく必要があるでしょう。農業労働者は剰余労働をし、それが農業資本家の獲得する利潤であり、それが平均利潤でもあるわけですが、この平均利潤を超える超過利潤は土地の自然力が生んだものであって、それには労働者の剰余労働は含まれないという関係になります。

さて、土地の地味や地質と言っていいのですが、そしてそれらは気候・気象とも密接に結びついているのですが、こうしたものが土地の豊度（肥沃さ）を決めることになり、この豊度の相違によって同じ面積の、また同じ資本量を投じた土地でも、小麦の収穫量が違ってくるのは分かりますよね。小麦の社会的需要をまかなう小麦の耕作圏というものがあって、その耕作圏のなかで土地所有者から土地を借りて各農業資本家が利用する土地がA、B、C、Dであるとすると、それらの土地の豊度はいろいろで豊度の高いものもあれば低いものもあり、収穫量は土地によっていろいろなわけです。豊度が最も低く収穫量が一番少ない土地をAとし、豊度が最も高く収穫量が一番多い土地をDとし、その中間にある土地を収穫量の少ない順にB、Cとすれば、このなかではAは最劣等地、Dは最優等地ということになります。

この最劣等地、最優等地というのはあくまでも相対的なもの、比較上のものであって、例えばこの耕作圏にD地よりも優等な土地が入ってくればD地は最優等地ではなくなるし、A地よりも劣等な土地が入ってくればA地は最劣等地ではなく、優等地にもなりうるわけです。もしもD地自身に収穫量が減ってしまう事態が起こるとすれば、D地は劣等地の部類に転落することもあり得るということです。ですから、耕作が最初に最優等地Dに行われて最劣等地Aの耕作に至るといったような耕作の順番は、何も問題になっていないのです。

耕作圏内にある土地A、B、C、Dを横に並べたそれぞれの土地（こうした土地は自然のままの土地を肥料などで土地改良したものであったり、既耕地をさらに耕作したものであるのが普通ですが、ここでは現にある土地に豊度の差があるということが問題になります）に、同一の面積および同一の投下資本（投下資本量）のもとで土地の豊度の相違のために小麦の年間収穫量に違いが出て、そして生まれる超過利潤が地代化するのを**差額地代第一形態**と呼びます。平面的な収穫量の相違が問題になっているわけです。それぞれの小麦の収穫量をA地は10、B地は15、C地は20、D地は25とし、最劣等地Aの収穫量では平均利潤しか得られないような収穫量一単位当たりの市場生産価格でどの土地の小麦も売られるものとすれば、当然ながら収穫量に応じたそれぞれの土地の価格総額および利潤は違ってきます。しかし、それぞれの土地を利用した各農業資本家のみんながその利潤の全部を獲得できるというのではありません。最劣等地Aでは平均利潤のみを得るわけですが、A地以上の優等な土地ではA地の平均利潤を基にして、A地と同じ平均利潤を獲得しながらも、それを超える超過利潤を収穫量に応じて得ることになります。そして、B地からD地に至るそれぞれの超過利潤は土地所有者へ借地料である地代として支払われるべきものとしてあるのです。この超過利潤を生み出したのは土地の自然力なのです。すべての農業資本家にしてみれば、投下した資本に応じて平均利潤を獲得することができるのであり、資本主義的商品経済が産業資本家間に、また農業資本家間に、そして農業資本家と土地所有者の間に、利潤分配の平等性を与えていると言えるのです。

ここでもし小麦の需要が減少して、A地が平均利潤を得られなくなって耕作圏外に出る（耕作を放棄する）しかないような、そしてB地が平均利潤しか得られなくなるような低下した市場生産価格でどの土地の小麦も売られるとすると、A地は耕作されなくなるからB地が最劣等地となり、B地を基にしてB地以上に優等なC地、D地だけに地代化する超過利潤が生じます。もちろんC地、D地の農業資本家が獲得する利潤総額も減少し、小麦生産部門の全体の地代も減少します。

このように、農業部面の差額地代については、最劣等地の収穫量では平均利潤しか得られない市場生産価格があって、それ以上の収穫量のある土地には同じ量の平均利潤とともにそれを超える超過利潤が得られるということが明らかにされればいいのですから、その市場生産価格がどのように形成されるかについては論じる必要はなく、市場生産価格があることは前提でいいのです。そうであるのは、ここでは費用の比較ではなく、同じ費用の上での生産性の比較が、すなわち収穫量の比較だけが問題になっているからにほかなりません。市場価値論での費用の比較および個別的価値との関係において市場価値および市場生産価格の決定を論じた、いわゆる支配説・大量説を持ち出すことは、無用な混乱をもたらすだけですので、注意が必要です。そうしたやり方は、あとで話す

「**土地収穫逓減の法則**」を持ち込んでその視点のもとに各耕作地に対して優等地から劣等地への耕作の優先順位を付けるという、ここではまったく関係のないことに議論を進めてしまうことになるでしょう。

次に、この耕作圏内のA地、B地、C地、D地のどの土地でも起きていることですが、一年以上の長期にわたって同じ土地に同じ資本量が継続的に投下され、それらの投資の間で小麦収穫量の相違が生じれば、平均利潤しか得られない収穫の投資を基に、その投資の収穫量以上の収穫量をあげた投資には同じ平均利潤のみならず収穫量に応じた超過利潤もが生まれることになり、そうした超過利潤は地代に転化するものになるのです。このような地代の形成は**差額地代第二形態**と呼ばれます。ここでは立体的かつ経過的な収穫量の相違が問題になっています。

同じ土地に同じ資本量が継続的に投下されるというのを、例えば肥料もやらずに小麦を作り続けるというように考えてはなりません。それならば、収穫量が投資の重なるたびに次第に減少することは十分にありうるでしょう。それはいわゆる「土地収穫逓減の法則」と言われるものになるのですが、それは極端な例外的な事例でしかありません。しかし、そうした土地の状況はここでは問題になっていません。そうした土地の状況を取り入れて地代論を展開してはならないのです。農業経営に必要な資本には、補助原料的な肥料のほかに水やり用の設備なども入っています。どこの土地の農業資本家であっても、収穫量を増やすため、生産性を高めるためにそうした投資はしているのです。ところが、土地という自然のものについては、気候条件とも結びついた地勢というものがあって、簡単には土質を根本的に改善させることができないということもあります。肥料と土質の相性もあるでしょう。こうした土地改良の投資が必ず収穫量を増やすとは限りません。増えるときもあれば減るときもあるのです。とにかく、肥料あるいは水やりなどに費やす資本の量は同じでも、投資のたびにどうしても収穫量に差ができてしまうということが大事なのです。ここで必要なことは投資によって収穫量の相違が生じ、平均利潤だけを得る投資と超過利潤をも得る投資の間の比較を示すことなので、話を簡単にして、先の例の最優等地Dに継続的に投資が行われ、その投資の間に収穫量の相違が生じたということにしましょう。

例えば、D地の収穫量が第一投資は25、第二投資は20、第三投資は15、第四投資は10として、この第四投資の収穫量に平均利潤のみが得られるような先の例と同じ収穫量一単位当たりの市場生産価格で小麦が売られるものとすれば、第一投資から第三投資までは同じ平均利潤とともに収穫量に応じた超過利潤をも得ることになります。そして、これらの超過利潤が地代として土地所有者に支払われます。ここで今、小麦需要が増加して価格が上昇し、小麦の供給を増やすために新たに収穫量5をあげる第五投資が行われ、この第五投資に平均利潤のみが得られるような市場生産価格で小麦が売られることになれば、第四投資の収穫量でも、また先の最劣等地Aでも超過利潤が得られるようになるのです。D地の全体の超過利潤、したがって総地代が増加することは言うまでもありません。逆に小麦需要が減少して、第三投資の収穫量で平均利潤しか得られないような低い市場生産価格で小麦が売られることになれば、第一投資と第二投資の地代は減り、D地の農業資本家が獲得する平均利潤の総額も総地代も減少し、先のA地やB地は耕作されなくなります。

どんな借地にも生じる絶対地代

さて、差額地代ではその第一形態の最劣等地およびその第二形態の最終投資地はそれらの少ない収穫に応じた平均利潤のみが得られ、必ずそれら以外の土地では地代となる超過利潤が得られるという関係だけで良かったのですが、では、平均利潤しか得られない最劣等地や最終投資地では地代を払うことはないのかと言えば、決してそうではありません。土地所有者から土地を借りる以上、絶対にこれらも地代を支払わなければなりません。絶対的に地代は要求されるのです。よって、こうした地代の形成は**絶対地代**と呼ばれます。また、見たように、市場生産価格の変化および投資状況によっては最優等地Dであってさえ収穫量が平均利潤しか得られない状況に陥ることもありうるのであって、そのときはD地に絶対地代が要求されることになり、それはどんな豊度の土地もD地と同じ状況になる可能性があることを示しています。

では、平均利潤しか得られないのに、どのようにして絶対地代が支払われることになるのでしょうか。一つの方法は平均利潤そのものの一部が、言い換えれば利潤として分配し合った剰余価値の一部が支払われるということであり、また一つの方法は小麦の価格がその価値を中心に変動しながらも、その価値を限度として価値より低い市場生産価格以上に上昇しさえすれば超過利潤が生じ、この超過利潤が絶対地代として支払われるということです。前者の方法の場合、いかにも強制的な取り立てのようにみえますが、経済外的な力に縛られて絶対地代が決められるというわけではなく、土地所有者の側は絶対地代が低過ぎれば土地を貸さない、かと言って貸さなければ地代は手に入らないし、農業資本家の側は絶対地代が高過ぎれば借りない、かと言って借りなければいかなる利潤も手に入らないという両者間の経済的なせめぎ合いで絶対地代が決まることになります。後者の方法の場合は市場での小麦価格の状況次第ということになります。供給の増加をなし得ないことから農産物の価格が長期的にその価値以上に上がりっぱなしになって、そこに「独占地代」を発生させるような極上品質の農産物は、ここでは問題ではありません。日用食料品の小麦であれば価格は、資本の自由な競争を前提にすればその価値を基準に決定されるけど、資本蓄積も制約され、機械化が制限される資本構成の低い農業部面では工業部面に比べてそもそも生産価格はその価値以下で決定されると見ることができ、市場生産価格と価値の間の差に絶対地代としての超過利潤が生じるのです。この超過利潤は剰余価値を内容とする利潤なのであり、結局、いずれの方法によるものであれ、絶対地代については剰余価値の分配部分になります。

それで、農産物の価格は地代があるから高いのか、それとも農産物の価格が高いから地代があるのかという問題を立てるとすれば、理論的には、時々においてそのいずれもありうると言えるでしょう。それにしても、資本家と土地所有者との階級的利害対立は、資本家と労働者とのそれとは別に、資本主義経済には重くのしかかるものとなったのでした。そのために実際にどんな事態が生じることになったのかの考察は、経済学の段階論や現状分析で行われるべきものになります。地代は耕作地の生産性だけでなく、一般に土地の位置が市場や町に近いなど土地の便利性の相違によっても形成されてきます。

以上にして、地代の形成にはいろいろな形があるのですが、それは土地所有および農業経営が資本主義的商品経済に包み込まれていることから起きる現象なのです。そうなると、土地自身が普通に商品として売買される対象にもなり、しかも土地商品の価格が経済的な要因を根拠に決定されることになります。土地商品の価格については、これ以上のことは利子論を必要とすることになるので、利子論のなかでの解明を待たなければなりません。

社会主義社会ではどうなるのか

地代だけでなく、特別剰余価値を内容とする超過利潤の事柄についてもそうですが、社会主義経済ではどうなるのかという問題があります。労働力の商品化が廃止され資本・賃労働関係のない社会主義経済でも商品経済がまだ残存している社会と商品経済が全廃された社会とでは、やり方が違ってくるし、国によっても違ってくるでしょうが、共通して言えることは、社会主義経済では資本主義経済で経済法則を通して実現される経済原則を国の人為的な政策でもって計画的に実現することになるということです。念を押して注意すれば、その政策は資本主義経済で経済法則がやっていることを基礎に置いて行われなければなりません。そのことからしても、資本主義経済を対象にして経済構造を明らかにした経済学が必要になるのです。生産方法の改善と普及についてもそのような政策によって取りはかられるし、地代については土地所有者階級も私的な土地所有者もいなくなるので地代は存在しないことになります。

つまり、社会主義経済では政府なり国が土地を所有し、ここ地代論で言うところの私的な「地代」というものはなくなり、農業労働者の剰余労働による農産物にしても、土地の豊度によって生み出された農産物も国の所有物となるわけです。それらを一つにまとめて「余剰貢納」あるいは「税」と呼ぶか、公的な「地代」と呼ぶか、またそれらを別々に呼ぶか、いろいろ呼び方はあるでしょう。

土地の豊度の相違による農産物の生産性の違いはどんな社会にもあるわけで、社会主義経済でもそういう農産物の生産性の違いそのものはいかんともし難いものなのですが、そのこと自体は資本主義経済におけるほど重要な意味をもつものではありません。もちろん、生産性を上げるために耕地の拡大や耕地の改良を進めることは資本主義経済と同様に社会主義経済でも大切なことになるのですが、そのことは別にして、社会主義経済にとっては農業労働者の生活に必要な部分とそれを超える剰余労働部分および自然力による農産物の量との間の区別が重要な意味をもつことになります。すなわち、農業労働者の生活に必要な部分以上については一括して国の所有物とし、農産物の種子やその他の生産手段とともに国が管理することになると言えるでしょう。そして、国としてはそうして所有し管理したものを、農業労働者の労働者としての社会的な平等性、農業労働者の生活の安定性、さらには行政サービスの拡大をはかるために計画的に使用・配分することになるのです。

土地の位置については、位置の利便性は農産物の生産性ではなく、費用の負担の問題になるので、生産方法の改善・普及と同様に国によって位置の利便性の相違を縮小する方向にもっていくことが課題となるでしょう。

なお、典型的な資本主義経済の発展を示した19世紀半ばのイギリス資本主義経済および理論的に設定される純粋資本主義経済としてはあり得ないことですが、資本主義経済の基本的階級関係は資本・賃労働の階級関係なのであり、階級としての土地所有者がいない資本主義経済もありうるのです。では、そうした資本主義経済において社会主義経済におけるような全面的な土地国有が実現されるのかと言うと、そうはならないのですね。階級としての土地所有者はいなくても、私的な土地所有者そのものがいなくなるわけではなく、借地に対する地代も、土地という私有物が商品として売買されることもあるのです。

利子論の展開

次に「利子論」ですが、もう一度、整理しておきましょう。資本は、その運動として、最小の費用でもって最大の利潤を上げることを目的とします。いわゆる合理性、効率性は絶対的なものなのです。ですから、支払い手段としての貨幣の考察や資本の流通過程の考察で見たように、資本にとっては、商品の販売については、生産された商品は時間を掛けることなく、すぐに販売されて貨幣に換えられて、その貨幣が再び資本として投じられることが必要になります。そうなれば、余分な資金を備えておかないで済むし、余分な資本を投じなくていいわけです。つまり、資本が円滑に運動して資本の回転が速くなるほど、少ない資本、少ない費用で、多くの剰余価値および利潤が得られることになります。資本は、こうしたことを実現するために、経済的に利用できるものは何でも利用することになります。ここに、産業資本との関わりにおける銀行資本の役割、商業資本（商業資本家）の役割が出てくることになるのです。そしてそれらの役割に対して産業資本から剰余価値を分与（分配）されることになります。それがもともと剰余価値を生産しない銀行資本や商業資本が合理的な利潤（剰余価値を内容とする利潤）を得られる根拠になるのですが、すでに話したように、銀行資本も商業資本も、剰余価値を利潤として分配し合う産業資本の競争とは内容的に異なる、しかし表面的には同じ状況の利潤率をめぐる資本競争には参加しつつ、社会的に不可欠な役割をなす資本活動を行うものとして平均利潤が得られることは前提になっています。すなわちそれらも、できるだけ多くの利潤を得るための資本活動を展開する一方で、その資本活動に対しては少なくとも平均利潤が得られなければ意味がないという、産業資本の資本活動と同じ状況にあることに変わりはないのです。

まず、利子論について話しますと、資本の金貸資本的形式でも見たように、お金の所有者がお金を貸すことによって利子を得て価値を増殖するのですが、この資本の運動が資本主義経済において

「**貸付資本**」となって産業資本との関係をもつことで、その価値増殖の合理的根拠を得ると同時に、重要な役割を果たすものになります。

産業資本の間には、これまでの考察で明らかなようにその総資本以外に、固定資本の償却資金、資本に転化される蓄積資金、価格変動のための準備金などの遊休資金（「遊休貨幣資本」とも言います）が多かれ少なかれ必ず常に存在します。この遊休資金という貨幣の蓄蔵あるいは貯蓄があることが基礎になって、支払い手段としての貨幣の機能はもちろんのこと、貸付資本の運動は可能になります。

遊休資金を利用することで、産業資本の間には**商業信用**が展開されます。商品の売り手と買い手という関係のなかで掛売り、掛買いの関係、すなわち信用での商品取引が生まれ、商業手形（一定期間後に支払いを約束する債務証書）という商業貨幣を流通させることになること、そしてそのことが貨幣の節約や商品販売を速めたり、資金あるいは資本の削減・節約につながったりすることはすでに話した通りです。資本の流通過程の考察では、商品販売、すなわち商品資本の貨幣資本への転化が速まることが貨幣資本を生産資本へ振り向けることを速め、無駄に資金や資本を滞らせることなく、また資金や資本を節約し、少ない費用で剰余価値の生産を増加させるとともに、剰余価値の獲得を促進することになることを見たのでした。遊休資金はそのままの形では剰余価値を生産するわけではありません。ですから、遊休資金はできるだけ節約されることになるのですが、遊休資金の存在は避けられず、一方でその社会的な有効利用が重要になるのです。しかし、産業資本の間における個人的な商業信用だけでは、こういう状況を全社会的につくりだすのには限界があります。

また、産業資本間で直接に資金を貸付ける信用の授受があったにしても、その場合の利子はあくまでも個人的に決められるものにとどまります。こうして、資本主義経済としては商業信用を基礎にして銀行信用が展開される必要性が出てくるのです。資金の貸付けの利子も、銀行信用になって社会的に決定されてくることになります。

金融の役割——銀行信用

商業信用の役割を**銀行**という機関・組織が引き受けて「**銀行信用**」が成立すると、銀行は産業資本の間に生じる遊休資金を預金として集め、資金を必要とする産業資本に融資、すなわち資金の貸付けを行うことになります。この社会的な遊休資金が貸付資本G…G′として利用され、貸付資本に利子が与えられます。この貸付資本の仲介を行うのが銀行なのです。利子は一定期間の資金の使用の代価です。銀行には社会的に資金をその需給に応じて商品のように売買する**貨幣市場**が形成され、そこでの資金の需給の関係によって利子および利子率の大きさが社会的に決定されることになります。そして、銀行への預金には預金利子が、銀行からの貸付には貸付利子が与えられるのですが、これら両者の利子の差益である「利ざや」が**銀行資本の利潤**になります。銀行資本とは、資金の貸付けを仲介する機関・組織である銀行のことでもあり、また銀行自身が所有する資本であり、銀行の資金の貸借の運営業務にかかわる費用に充てられる資本を指すとも言えます。銀行はそうした資本を店舗や従業員、その他事務費に投じます。銀行は銀行資本を貸付けるのではありません。銀行に預金が集められると、そうした預金も銀行資本の所有の一部のようになってしまうのですが、銀行預金は預金者の所有物であって、銀行資本とは区別されなければなりません。銀行資本の金額は銀行が扱う預金と貸付けを合わせた膨大な金額に比べたら極めて僅かなものなのです。また、実際には銀行に銀行家という銀行資本家がいる場合もあるのですが、原理的には銀行は機関であり組織ということになります。銀行は、今も話したように、金貸資本および金貸資本家のように自分がもつ資本を貸付けるのではありません。銀行は預金として借りた遊休資金を貸付けるわけです。そうした資金の貸付資本G…G'としての運動を媒介・仲介する機関および組織が銀行なのです。ですからまた、貸付資本家と呼ばれる人物もいないのです。

それに銀行は、金貸資本のように、利子が得られる社会的根拠が明確ではないというものではありません。しっかりした社会的根拠があって利子が得られることになるのです。銀行は資本と利潤の一部を、また預金の一部をも資金の貸付けの支払準備金その他の準備金として、預金である社会的な遊休資金を貸付ける業務を行っています。資金を必要としている産業資本は、貸付けられた資金を貨幣資本として再生産過程に投じて、剰余価値の生産を増加・拡大させます。貸付け（融資）は産業資本にしてみれば貨幣資本を供給されたことになるのです。産業資本による剰余価値の生産を促進・助成する役割を銀行は担っているのですね。銀行のこうした役割が根拠となって、産業資本の増大した剰余価値の一部が利子として銀行に分与されることになるのです。産業資本への貸付けという銀行の行為そのもの、また銀行資本としての資本それ自身も商品を生産して剰余価値を生み出すことはしません。そこで、銀行の業務に必要な店舗や従業員、その他事務費に要する資本および費用は利潤から支払われることになります。貸出利子と預金利子の間の差益が銀行の資本の利潤になるのですが、それはこれが銀行資本の主要な利潤であるということなのであって、送金その他の諸々の手数料も利潤に含まれます。そして、銀行の得る利潤は当然、銀行が社会的に必要な役割を果たしている以上、また表面的には利潤率をめぐる諸資本の競争を通すことになって、平均利潤になる仕組みになっているのです。

銀行と手形

銀行により資金の貸付け（融資）には、直接に資金を貸付ける方法のほかに、信用期間が数か月の短期の支払約束証書である手形の割引の方法が用いられます。商品の売手である手形の所有者が手形満期日（代金支払い日）の前に手形の現金化が必要になれば、手形を銀行に持ち込んで現金化することができます。銀行は売手のもつ債権を肩代わりするというか、買い取ることになるのですが、その場合、銀行は手形が持ち込まれた手形呈示の日から満期日までの利子を割引いて、その分だけ手形を安く購入するという形をとります。満期日には商品の売買代金である手形金額が買手から銀行に支払われます。この関係は、銀行にしてみれば、手形満期日にならないと銀行に代金が支払われないのに手形呈示日から満期日までの期間に資金を出したままの形になるので、銀行が資金を売手である割引依頼者に貸付けて（融資して）利子を得る関係になっています。売手は割引の利子部分を負担します。売手は手形の満期日まで待てば販売代金を約束どおり得ることになるのですが、それを待たずに、割引利子を負担してでも急用な手形の現金化ができるという大きなメリット（利点）が売手にはあるのです。銀行は買手の預金を確保できるうえに、割引利子を得ることにもなるのです。

とにかく手形というものは、売り手にしてみれば貨幣での取引ではすぐに販売できなくても手形でならばすぐに販売できることもあるし、受け取った手形で必要な商品の購入代金に充てることもできます。一方、買手にしてみれば手形の満期日まで現金での支払の猶予を与えられるわけで、とにかく手形による信用取引は商品経済の発展・拡大をもたらす重要な手段なのです。

また銀行は、みずから一覧払の手形を発行します。この手形を銀行に呈示すればいつでも貨幣（金貨幣など）に換えることができる、つまり**兌換**できるのです。銀行が発行するこの一覧払の手形自身が貨幣のように社会に流通したものが、「**銀行券**」なのです。そうなると、銀行による直接的な資金の貸付けはもちろんのこと、手形割引での手形の買い取りもこの銀行券で行われることにもなります。そうした銀行券の発行は産業資本の生産の拡大、商品流通の拡大に応じて、その限りでなされるのであって、無限になされるわけではありません。しかも、銀行券を受け取った側で銀行券が不要になれば、預金のために、あるいは貨幣との兌換のために、そうした銀行券は直ちに銀行に還流することにもなります。

やがて銀行券の発券業務は中央へと集中され、「**中央銀行**」がそれを独占します。中央銀行は**市中銀行**（都市銀行や地方銀行など）に対して「銀行の銀行」という立場に立ち、市中銀行と貸付けや預金その他の金融取引を行います。こうした体制が整えられることで、貸付け・借受けに関わる準備金も社会的に最小限に抑えられることになります。しかし、だからといって、資本主義経済の無政府性のなかで信用関係が完全に管理できるものではありません。実際、恐慌の発生にもなる景気循環はこうした信用関係と、そして信用関係の破綻と結びついて起きてくるのです。

金融破綻（金融恐慌）とその回復

景気循環のなかでは、好況末期ともなれば景気は活況を迎えているはずなのに、労働力の供給の制約を受け、産業資本の一般的利潤率の低下は必然化してきます。そして、それを利潤量の増大でもってカバーするために資金需要がますます強まるわけですが、逆に銀行では貸付けのための資金は減少し、割引利子率など一般に利子率は急騰してしまいます。やがて資本をこれ以上投じても利潤量そのものが減少してしまう資本の絶対的過剰を内容とする一般的利潤率の低下を招き、そしてこのことが契機になって、全社会的に産業資本は進むことも退くこともできない、利子さえ払うことができない状態に陥ることになります。こうして資金が社会的に回らない事態が起こり、支払い不能および債務不履行となって信用の連鎖の破綻をきたし、連鎖倒産が生じて恐慌が必然的に発生するに至るのです。ここにきてあらゆる商品に対する総需要が収縮して、商品が売れない状況になるのですが、全社会に及ぶ全般的な恐慌現象というものは商品の過剰生産を原因とするものではないのです。まさに金融恐慌あるいは貨幣恐慌なのです。

もちろん、拡大再生産（資本蓄積）論で話したように、不況期での景気好転への整理期間を経て経済は自身の力で回復し、新しい好況期に向けて資本蓄積が進展することになります。

なお、銀行券の金貨幣との兌換が国内で制度的に停止されている特殊な今日の国内経済・世界経済では、確かな価値の裏づけ（保証）のない銀行券が流通することになっていて、そのことが経済的な変化を引き起こす原因ともなっています。

名目賃銀の上昇や名目的な商品価格（物価）の上昇は資本・賃労働の価値関係を何ら変化させるものではなく、原理的にはそういう事態がありうることは言えても、そういう事態を交えて理論を展開することはない、問題にすることはないということは、すでに話してきました。好況の絶頂期において賃銀が上昇しても商品の価格が引き上げられれば一般的利潤率は低下することはないではないかと疑問に思われるかもしれませんね。確かにそういうことも実際にはあるでしょう。あっていいのです。ではその場合の賃銀の上昇はなぜ起きたのでしょうか。実際の経済には賃銀の上昇の要因にはいろいろあるのですが、原理では外国貿易も偶然的・突発的な状況も捨象されています。ここで問題になっている賃銀上昇は労働力の供給が制限されるなかでのその需要の増大ということに限られます。それに原理のなかでは基本的に一般商品も労働力商品も価値どおりに売買されることになっていて、それが理論展開の前提です。そうした前提のもとで資本・賃労働の関係〈価値関係〉に変化が生じることをつかむことが大事なのです。ここでは実質的な賃銀上昇があることに注意が向けられなければなりません。

原理的にも名目的な物価上昇および名目的な賃銀上昇があることは認めるし、触れることはあります。しかし、そういうことはどうどうめぐりに陥る（これを物価と賃銀のスパイラル〈悪循環〉的な上昇と言います）だけのことであり、原理的にそれを問題にすることはありません。そうした点の考察は、インフレーション現象の一つの発生の仕方として、経済学の現状分析などの問題になるのです。

商業資本の役割

では、商業資本（人格的には商業資本家になります）について見ることにしましょう。産業資本の資本運動はG―W…P…W'―G'で、この資本運動を銀行資本が側面から支える関係にあったのですが、やはり商業資本もこの産業資本の資本運動を側面から支える、というよりもむしろ産業資本の資本運動の一部を受け持つことで支えることになります。すなわち、商業資本とは産業資本の商品の販売W'―G'の過程を産業資本に代わって専門的に受け持ち、商品を仕入れて消費者へ販売する商業という事業体であり、その事業体が所有し扱う資本ということです。普通に商業活動を展開する商業あるいは商人のことを考えればいいのです。銀行資本もそういう商業資本も、効率的、効果的な資本運動を展開する産業資本にとってなくてはならないものになっています。それら両資本はともに資本主義経済において重要な社会的役割を果たしているのです。

商業資本についての考察のポイント（重要点）を挙げれば、以下の三点になります。第一に、商業資本にあっても一般的利潤率の形成を前提にして平均利潤が得られる形が貫かれるし、商業資本が販売する個々の諸商品も生産価格で売られることになっているということです。第二に、商業資本は剰余価値を生産せず、ただ商品の価値をその売買で実現するだけなのに、なぜ剰余価値を内容とする利潤が得られることになるのかということです。第三に、産業資本にとって純粋な流通費用であり空費でしかない、それゆえ資本として回収されない費用が、なぜ商業資本では資本化されるのかということです。

より高い利潤率をめぐる産業資本の異部門間での資本競争が、結果的に一般的利潤率を形成し、平均利潤を含む生産価格で諸商品が販売されることはすでに見ました。それは、産業資本がみずからの生産過程を通して生産した剰余価値を産業資本間で利潤として分配し合う競争でした。その場合、銀行資本も商業資本もその活動によってみずから剰余価値を生産しているわけではないので、そういう形での競争に直接には参加しなかったのですが、しかし、資本の平等性を実現する一般的利潤率の形成と無関係ではないのです。資本は、産業資本だけでなく、銀行資本、商業資本を含めた資本間をより高い利潤率を求めて自由に移動する競争を展開しているのです。資本の平等性は、すべての資本および資本投下に対して同一の量の資本には同一の量の平均利潤が得られる、そしてまた資本量に応じて平均利潤が得られるという平等性なのです。商業資本の考察の場では、商業資本を巻き込んだ利潤率の均等化の競争を具体的に論じることはしませんが、商業資本がそういう競争のなかにあることは前提になっているのです。

一般的利潤率の形成あるいはメカニズムというものは、原理の展開のなかでは産業資本の異部門間の競争の場において完成します。産業資本から流通期間における商品売買を引き受ける商業資本は、産業資本間のそうした競争の動きを何ら妨げるものではないのです。ただ、その流通期間の短縮という別な問題に商業資本が関わることの考察が、のちに取り上げられるべきものとして残されていたのであって、それがここで論じられることになるのです。

商業利潤はどうやって得られるのか

では、諸商品の販売によってそれらの価値を実現するだけのことをして、みずからは剰余価値を生まない商業資本は、一体どのようにして利潤を得ることになるのでしょうか。商業資本は、商品を安く買って高く売ることによって利潤を得る商人資本的な一面をもっていることも確かなのですが、資本主義経済の無政府性を規制する経済法則の作用が働いていることを忘れてはなりません。

となれば、商業資本が得る利潤は単なる価格差といった偶然的なものではなく、必然的に得られるものになっていなければなりません。商業資本には利潤が必然的に得られる社会的根拠があるのです。そうであるからこそ商業資本も社会的に存在・存続することができているのです。

産業資本にとっては流通期間のなかの商品の販売期間はやっかいなものでした。商品の販売には純粋な流通費用など諸々の流通費用が掛かります。また、商品の販売に時間が掛かればそれだけ流通費用は多くなるし、資本の回転も遅くなって余分な資本（貨幣資本）が追加されなければならないことになります。しかも商品の販売期間は、生産期間が生産技術によって決まってくるのとは違って、商品の購買者が現れるかどうか次第で、絶えず長くなったり短くなったりして、安定しません。効率的、効果的であるべき産業資本の資本運動を制限・制約するものにほかなりません。ですから、そういう商品の販売をそれ専門の商業資本に任せることになれば、産業資本としては大いに助かることになります。すなわち、これにより産業資本の資本が流通資本（貨幣資本と商品資本）としてある流通期間の短縮が実現され、産業資本は純粋な流通費用を削減・節約できたり、資本の回転を速めることができたりするようになります。

確かに、商品の販売を商業資本に任せたとしても、無政府的な商品流通による商業資本への影響を産業資本がまったく受けなくなるわけではありません。したがって、産業資本の生産の無政府性が無くなるものでもありません。しかし、経済法則の貫徹によりそういう無政府性は最小限に抑えられることになります。そんななかで、産業資本で生産されたいろいろな種類の諸商品あるいは同一種類の諸商品が各商業資本に集められ、個々の商品の販売期間は商業資本単位の販売期間、すなわち商業資本における資本の回転期間の問題になってきて、商業資本としては利潤量を増加させるために販売を促進し、資本回転を高めることに努めることになります。

また、資本の流通過程の考察で見たように、純粋な流通費用は価値も剰余価値も形成しない「空費」でした。ですから、産業資本はその費用については生産過程で形成した剰余価値から支払うしかありません。それは産業資本の価値増殖を削減し、制約することになります。商業資本は産業資本のそういう費用を産業資本に代わって負担するのです。このことが商業資本の最も重要な社会的な役割になります。要するに産業資本にとってマイナスのことをマイナスする（減ずる）役割をもつのですね。そして、この役割を根拠に産業資本が生産した剰余価値が利潤として産業資本から商業資本へ分与（「分配」あるいは「再分配」でもかまいません）されるのです。これが商業資本の得る**商業利潤**です。単なる商人資本であれば、その資本形式で示されたように、価値増殖の根拠が明確ではなかったのですが、商業資本では価値増殖の根拠が明確に与えられることになります。商業資本は、剰余価値を生産することも付け加えることもしなくても、社会的に剰余価値を利潤として分与されることで価値増殖を行う資本の運動体になるのです。

その剰余価値の商業資本への分与の仕方ですが、実際は商品の売買価格を通して分与されるのであって、産業資本は商品を**価値以下**で商業資本に売り、商業資本は商品を**価値で売る**、あるいは商業資本は商品を**生産価格以下で買って生産価格で売る**ということで産業資本の利潤の一部を得るというのが基本です。社会的には、決して商品をその価値以上に販売する譲渡利潤だけで商業資本が利潤を得ているのではないので、ここは注意しなければなりません。そうなると、先に話したように、商業資本はより多くの利潤を得て個別に利潤率を高めるためには、商品販売のための商業活動を一生懸命行うことが必要になります。こうして見ると、商品の売買期間の短縮は、結局は産業資本にとってだけではなく、商業資本にとっても利潤率を高める有効な手段になっていることが分かります。

商業資本も資本として当然ながら、少なくとも平均利潤を得ることがなければなりません。そうでなければ、商業資本は社会的に存続できませんし、資本を投じる意味もなくなります。しかし、商業資本はそれがもつ社会的役割を果たす限り平均利潤は得られることになるのですが、仕入れた個々の商品を生産価格で売ったとしても、それで商業資本に平均利潤が得られるというものではありません。平均利潤が得られるほどに、あるいは平均利潤以上の利潤を得るために、多量の商品が販売されなければならないのです。

商業資本ができるだけ費用を掛けずに利潤を増やし利潤率を高めるための唯一の方法は、商品の販売時間を短縮して資本の回転を速めるということになります。「**薄利多売**」とは、それを極端な形で言い表した商業資本の活動ということになります。それで、個々の商業資本はできるだけ多くの利潤を得ることを目指しているわけで、平均利潤以上の利潤を得ている商業資本もあれば、平均利潤には届かない商業資本もあるというなかで、結果的に資本移動の競争を通して利潤率のそういう相違の訂正、均等化がなされて、社会的に標準的な商業活動を展開する商業資本には平均利潤が得られることになるのです。そして、一般的利潤率を前提に商業資本に対しても投下資本が大きくなればなるほどより多くの利潤が得られるという資本の平等性も示されることになるのです。「できるだけ費用を掛けずに」といっても、どんな商業資本も平均利潤を得るのには、それが得られるのに必要な店舗や従業員に対する費用、事務費、宣伝費、そして仕入費用などが投じられなければならないということも大事なことになります。

そこで、すでにお分かりのように、純粋な流通費用であり空費であるものが商業資本ではなぜ資本化されるのかということも、商業資本が社会的に剰余価値を利潤として分与されることで価値増殖を行う資本の運動体になっているからにほかなりません。ともかくG—W—G'として、価値の運動に価値増殖が得られることになれば資本の運動になるのです。それを担うのが商業資本なのですから、純粋な流通費用であり空費であっても、商業資本にとっては価値増殖に必要なそういう費用は、商品の仕入れ資本とともに資本になるのであり、資本として回収もされるというわけです。商業資本は、まさしく本来は流通形態である資本の性格を明瞭に示すものになっているのです。

商業資本活動から生じる常識的考え

商業資本の資本は商品の仕入れのための費用と、店舗、宣伝、従業員の雇用に掛かる流通費用とに使用されます。前者は商品の価値を手に入れる費用であって、商品の販売とともに手元に残る費用であるのに対して、後者はその商品の販売を促進するのに欠かせない純粋の流通費用であり、できるだけ商品を多く売って得ることのできる商業利潤から支払われる費用ということになります。こうしたことから、貨幣の節約上、また信用による商品売買の促進ということもあって、商品の仕入れには銀行の貸付資本の資金をできうる限り利用することになります。そのため商業資本は銀行に利子を払い、元金を返金します。商業資本にも遊休資金が生じれば、それを銀行に預金して利子を受け取ります。こうした銀行の利用それ自体は、また利子の支払いあるいは受け取りそれ自体は、商業資本の本来の活動ではありません。このため、商業資本活動が利潤を生む一方で、資本に利子が生まれるという事態が生じることになるのです。実際、商業利潤から資本の利子を差し引いた残りの利潤こそが商業資本家の活動によって得られる「企業利潤」であるとされます。ここには、資本が利潤を生むということから資本が「それ自身に利子を生む」、つまり資本自身が利子を生むということへの転換があるのです。今や資本に利子は付き物で、利潤は資本家の活動の成果であり報酬だというわけです。しかも、その商業資本家の活動は商品販売に従事して賃銀が支払われる従業員の労働と同じものとされ、商業資本家の労働が利潤を、あるいは利潤という賃銀を生むということにもなるのです。こうしたことは資本としては形態的に共通な産業資本家に対しても同じ観念を抱かせることになります。

もともと、このような商業資本の資本運動に現れる現象は、生産過程での剰余価値の生産と、商品の販売過程での剰余価値の実現とが完全に切り離されてしまうことに端を発しているると言えるのですが、資本がみずから利子を生むということになれば、経済的な人間関係はまったく消え失せ、まったく物としての資本に利子を生む力が宿るという**資本の物神化・物神性**が発生し、ここにおいて資本主義経済の物神化・物神性は完成されることになります。資本を産業活動や商業活動に投じて利潤を生じさせるのとは大分違うのです。それに、貸付資本の資金としての貨幣が貸し手と借り手の間の関係を通して利子を生むのとも違うのです。資本が利潤を生むのも資本自身が利子を生むのも、いずれも資本主義経済における常識的観念なのですが、単に真実を覆い隠す観念というのではなく、実際にそうつかまれても仕方がないという事態が起きてくるのです。

今や資本に利子を生む力が宿っているということになるのですから、どんな資本であっても、またどんな資金であっても、それらを無駄に遊ばせておくことはそれ自身に利子が生まれるものが遊んでいるということになって、資本主義経済としては時間の無駄、費用の無駄、投資の無駄などといった非効率な無駄は絶対に許されないものになるのです。

そして、資本それ自身に利子が生まれるということになると、定期的に利子のごとくに収益が得られる資金あるいは元手もすべて資本とみなされることになります。こうして資本それ自身に利子が生まれることが固定化されるとともに、資本を所有すればそれだけで利子その他の収益が定期的に得られることになって、資本そのものが商品となって売買されることになるのです。**資本市場**の形成という新しい関係が生まれることになります。

資本の売買市場

資本市場では、貸付資本の資金がその需要と供給のなかで安く買って高く売る商品の売買であるかのごとくに貸し借りされる貨幣市場とは違って、資本を所有することで利子その他の収益が定期的に得られることから、資本が商品として売買されます。両者の違いでまた重要なことは、貨幣市場では資金の所有権が売買されるわけではなく、それに利子（利子率）の社会的な決定は貨幣市場で行われるのに対して、資本市場では資本の所有権が売買されるのであり、また貨幣市場で決定される利子（利子率）を前提にして、その利子が資本の売買に反映されてくるということです。

資本市場は具体的には証券市場であり、資本市場の代表的なものは株式市場です。すなわち、株式の売買が資本の売買になります。資本は商品として資本価格をもって売買されます。この資本価格は、この資本を所有することで定期的に得られる収益である「配当」（企業の利潤からの分与分）を利子率で除したものになるのです。この算出の方法を**資本還元**（資本化）と言います。産業内で繰り返し運動し回収される資本だけに限らず、定期的に収益をもたらす資金あるいは元本もすべて資本と同じようなものとされ、後者は想像上の、擬制ないしは架空の資本であるということから、とくに「**擬制資本**（架空資本）」と呼ばれます。

一般に擬制資本とされるものには株式のほかに公債や社債などの債券もあるのですが、株式で言えば、株式の購入に資本を投じれば、一方でその資金は株式会社の内部で資本運動を繰り返すことになり、他方で株式に投じた資本が、配当が得られるために、そしてまた資本の買い値価格以上の売値価格で資本を売却すれば多くの利益を引き出すことができるために、投資家である株主の間で所有を転々と変えることになるのです。資本にはこうした二重の流通の仕方が見られるということです。

株式の価格は単純に株式の需要と供給の関係によって変動することもあるのですが、先の価格の算定から明らかなように、そうした関係のなかで基本的には配当の大きさ、および利子率の変化によって変動します。すなわち、株式の価格は利子率が一定で配当が上がれば上昇し、配当が一定で利子率が上昇すれば低下することになります。こうした株式ができるだけ高い価格で売却できれば多くの利益を得ることができるだけに、株式投資にはときには一山当てようとする投機的性格を強く帯びることにもなってきます。

土地商品の価格の決定

ところで、資本主義経済では、同様に所有するだけで定期的に地代という収益が得られる土地も商品化されます。その場合、地代を利子率で除した資本還元によって、土地の購入に投じられた元本および資本は擬制資本とされ、その基本的な価格が決定されます。地代は土地購入に投じられた擬制資本が生み出す利子と見なされます。この擬制資本は、農業生産物を生産するために農業労働者と生産手段に投じられる資本とは別物なのです。

やはり、土地の価格も土地に対する需要と供給の関係によっても変動するわけですが、基本的には地代の大きさと利子率とによって決定されてきます。

以上話した貨幣市場と資本市場の両者を区別して、それぞれを考察することにマルクスの『資本論』は成功していませんでした。単に「利子生み資本」という言葉で論じることでその両者を混同することになっていたのです。この両者の区別を鮮明にしたのも、宇野弘蔵氏でした。「それ自身に利子を生む資本」という言葉も宇野氏によってつくられました。宇野氏は、銀行に集められ、銀行を媒介にして貸付けられる資金が原理的には産業資本を中心に生じる遊休資金であることを軸にして利子論は展開されなければならないとも、また利子論で商業利潤が利子と企業利潤とに分けられることに「それ自身に利子を生む資本」が出現する根源があるとも論じるに至ったのでした。

資本それ自身に利子が生まれるということから擬制資本が商品として売買されることが必然化し、そのような資本市場の具体的な代表が株式市場であるということは原理で明らかにされるべき問題ですが、資本主義経済の歴史のなかで株式会社がいつ、どのような形で重要な役割をもって普及・発展したかは別の問題になります。すなわち、株式会社が特別に重要な役割をもつのは、19世紀の末になってドイツ資本主義が重工業関連の株式会社と巨大銀行とが結びついて世界的に躍進したことが始まりでした。

平等性のなかの階級性

資本主義経済は商品経済に特有な流通形態があらゆる社会に共通な生産過程を包み込んでいる経済です。あらゆる社会に共通な経済的な営みのすべてが商品経済を通して行われるという、これまでにない経済なのです。それも、商品経済の根幹の資本の運動が経済の無政府性をみずから生み出しつつ、また政治力という経済外的な力によらずに経済的な経済法則の力によってその行き過ぎをみずから訂正し、資本の運動の進展を自律的に導くものになっています。資本主義的商品経済の無政府性、そしてまた経済法則は、あらゆる社会に共通な経済原則が資本主義経済において貫かれるための「回り道」なのです。

商品経済は、したがって資本主義経済も、経済の無政府性を生み出し、経済活動を行う人間にいろいろな影響を与えることになりますが、商品売買を見ても分かるように、自由と平等の人間関係、自由・平等の社会を築くことになります。ところが、それによって経済の内実、真実というものが表面には出ないものになっていて、だからこそ経済学の必要性もあるのです。それも真実を明らかにすればいいというのでなく、真実が表面に出なくなっているという真実をも明らかにするものでなくてはならないのです。

資本に対して利潤がもたらされ、労働に対して賃銀がもたらされ、土地に対して地代がもたらされるという常識的な観念からは、そもそも利潤、賃銀、地代がどうして生まれるのか、それらの源泉は何なのかということがまったく理解できなくなってしまいます。そういう観念からは、単純に資本、労働、土地を生産の三要素とする考え、利潤、賃銀、地代を国民所得とする考えが生まれてきます。資本はまた生産手段のみに限定されることにもなり、資本を価値の運動体としてとらえることができなくなり、資本概念は正確さを欠くことになります。賃銀は、みずからの労働によって価値・剰余価値を形成するわけではない資本家や土地所有者が得る利潤や地代と同じような所得ではありません。それに、賃銀は労働者が労働力の代価として、労働力の再生産に必要な生活資料を購入するために資本家から支払われたものであって、労働に対する報酬ではないのです。賃銀は労働に対する報酬であるという考えは、また別に、企業利潤は資本家の監督という労働に対する賃銀、報酬であるとされても何ら不思議ではないということになってくるのです。しかも、資本に対して利子がもたらされる、資本がそれ自身に利子を生むという事態に至って、商品経済の物神性は最高の極みに達することになるのでした。

こうなると、資本主義経済の三大階級である資本家階級、労働者階級、土地所有者階級の存在すら消し去られ、単純に経済単位としての人間あるいは経済人が自由・平等に行動する経済としてしか資本主義経済が理解されないということになるのです。当然ながら、資本主義経済の階級性は経済学によってこそ明らかになるし、経済学はそういう経済学でなければならないということは肝に銘じなければなりません。社会の維持・存続のために生活資料と生産手段を生産するどんな社会にも、労働者が生産する剰余労働はあるのです。そうでなければ、社会の維持・発展・成長はあり得ません。ただ、その剰余労働がどのように使われるのかで、社会の在り方が違ってきます。その剰余労働が剰余労働をしない者に分配されたり、所有される社会は階級社会ということになるのであって、資本主義社会以前では奴隷制社会、領主・農奴の関係の封建制社会はそうだったのです。資本主義社会では、これまでに見てきたように、資本・賃労働という、また土地所有者を含めた階級社会のもとに生産が営まれているわけです。ところが、奴隷制社会、封建制社会では、それらが階級社会であることは一目瞭然であるのに対して、資本主義社会ではそうではなく、事実および真実に反して剰余労働の痕跡さえ見失われてしまうことになってくるのです。資本主義社会ではその経済過程が商品経済の自由・平等的形態によって覆われた社会になっているからにほかなりません。

すでに話したことですが、資本主義経済が三大階級からなっているといっても、それは資本主義経済の典型的な、純粋資本主義社会でのことであって、資本主義社会なら必ず三大階級が存在しなければならないということではないのです。基本的なのは資本・賃労働の二階級であって、これが明瞭に成立しなければ資本主義社会とは言えません。しかし、近代的な土地所有階級が明瞭に成立しなければ資本主義社会にはならないというわけではないのです。この点は、イギリスに遅れて19世紀末以降に資本主義経済化の道をたどった国々を考察する場合には特に注意しなければならない点です。

Ⅲ　経済学を基礎に現代をとらえる――結びに代えて――

私の問題意識の始まり

ヨーロッパの地中海地域において商品経済が著しく発展し、ついにはイギリスという国に最初に資本主義的商品経済が発生するに至る歴史のなかで、封建社会に代わる新しい社会の出現を前にした哲学者、自然科学者、政治・経済学者などが商品経済的な自由な人間関係のもとで国や経済が成り立つのか、それはどういうものなのかということを論じ始めました。進んで経済学者を中心に探究の眼は資本主義的商品経済の基本構造を掘り起こすことに向けられ、そして17世紀半ばから300年以上の長き時を経て研究された成果が経済学原理の体系だったのです。もちろん、今もってそうした研究は続けられているし、続けられなければならないのですが、同時に研究の成果を人々に広く伝えなければならないと思うのです。

振り返れば、商品経済的な自由な人間関係のもとで国や経済が成り立つのは、そこに自然界に自然法則があるように経済法則が働くからであるという認識が生まれてきて、経済法則の中心に商品経済的な富である商品の価値があるとされたのでした。ですから、商品の価値が何であるかを分析・考察すれば経済法則の全体像も明らかになるはずなのに、それがすんなりとはいかなかったのです。その原因はいろいろありますが、一番大きな問題は、商品経済と資本主義経済との関係を初めから正しくとらえられなかったということがあるのです。商品経済は人間関係の自由・平等な経済、資本主義経済は人間関係が階級関係を含む経済というように両者が分離してつかまれてしまうのですね。そこに自然法思想的な歴史の認識である「初期未開の社会」と資本主義社会との対比が関わることで、余計そういう分離が大きくなってしまいます。そうなると、それらの二つの経済の歴史的関係はもちろんのこと、経済法則の歴史性も極めてあやふやなものにならざるを得ないのです。経済法則が資本主義経済の社会を支配する法則とは理解されないわけです。

こうしたことが経済学原理を体系化するにあたって、原理の構成および内容を左右する問題にもなるのです。大きな業績をなしたマルクスでさえ、まだやり残した、不明かつ未解決な部分を残すことになったのです。私はかってこうした状況について取りまとめて経済学の学会で報告もし、論文として発表もしました。

経済法則の性格を正しく知るためには、商品の価値の尺度が商品の価値表現との混同・同一視を避け、流通形態論で明確にとらえられなければなりません。そうすれば、生産論で商品の価値どおりの売買を据えることの意味と意義が明瞭になるし、分配論でも当然に価値法則が背後で、それも基礎をなす形で関わっているものととらえることができるようになります。そのことは価値法則と景気循環論との関連をも追究することになるのですが、とにかく価値法則についての深い考察は私の早くからの研究テーマであり、こうしたあれこれの問題についても論文発表してきました。

ところが、私には、どうしても腑に落ちない点がありました。それが今回、思い切って私の解決策として提示することになった労働力の価値以上の賃銀の上昇の問題であり、また一般的利潤率の形成によって生じる商品の生産価格での商品需給関係と価値法則による商品需給関係の間にズレがあるのかないのかという問題です。私が後者の問題を抱いたのは、例えば宇野弘蔵氏もそうですが、これまでの議論ではその点の説明あるいは表現が極めて不明確というか、読む者を迷わせるようになっているように私には思われたからです。もしズレがあるとするならば、それをどうハッキリと説明するのかということであり、ズレがないとするならば、商品の価値と生産価格とは言葉は違っても結局は同じものと見なすことになってしまうのではないかということです。その他諸々の問題についても、私の考えをその都度その都度で話したつもりです。是非、皆さんも考えてみてください。考えることは楽しいことですよ。

皆さんのなかには、「弁証法」という言葉は聞いたことがあるが、その独特の理論展開に触れるのは初めてだと言う人もいるでしょう。経済学原理に見る弁証法の理論展開には驚かされるのではないでしょうか。驚きは考えることの始まりとも言います。もっともっとあれこれ考え、多くのことを学ぶ気持ちがもてるようになるといいですね。

現実の複雑な経済のなかにも原理で明らかにされる経済法則の作用というものはあるのです。ただ、資本主義経済の発展の度合いあるいは純粋度によって作用の程度は違ってくることになります。ですから、経済法則の作用が強く表れている経済学原理の純粋資本主義経済の社会をそのまま現実の複雑な経済社会に求めることも、あてはめることもできません。この点は注意が必要です。また、現実の複雑な経済社会の考察とともに現代的に変形した、新しい経済法則を取り出すことができると思ってはならないし、取り出すことを目的としてはならないのです。それが不純ななかにも純粋に現れているかのように見える、何か新しい形の経済法則らしきものであるにせよ、取り出すことを目的としてはならないのです。要するに、すぐあとで触れる企業の**独占**について、独占の法則あるいは独占価格の法則というような特別な「現代の経済法則」があるわけではないし、取り出すことはできません。現実の経済社会に照らして言えば、原理で明らかにされた経済法則は傾向的に貫かれることになっているということでいいのです。そうした経済法則を取り巻く具体的な、偶然的な経済的事柄にこそ眼が向けられなければなりません。

段階論と私の「協調・融合主義段階」

すでに何度も話しましたように、経済学原理でもって経済学の目標が達せられるわけではありません。言い換えれば、経済学原理で具体的な経済をすべて理解することはできません。経済学原理は一つの抽象的な理論でしかありませんし、そのために具体的、偶然的ないろいろなものが捨象されています。ですから、経済学原理で得られた知識を基礎に、例えば経済史や経済政策論を学んだり、さらには世界の各国の経済の様子を学んだり、経済の具体的な出来事を学んだりすることが必要になってきます。

実際、資本主義経済も19世紀末から先進的なイギリスの経済をはじめ、世界の経済がとても複雑になってきます。経済学原理は三大階級から成る資本主義経済に価値法則、人口法則、利潤率の均等化の法則という経済法則が作用していることを知る重要な経済学ですが、そうした知識だけでは理解できない経済構造になってくるのです。景気循環における不況の長期化やその他農業部面の変化および労働力商品の調達の変化、産業資本と銀行資本が融合・癒着した「独占」組織、株式会社形態の普及と重工業の興り、産業資本に代わる新しい「**金融資本**」という主要な資本蓄積、自由貿易と保護貿易の混在、資本輸出の拡大などなど、資本主義経済の発展に新しい姿が出てきたのです。ここで言う独占組織とは巨大な一企業が市場を文字通り独占するということだけではなく、巨大な少数の企業が独占を争って競争したり、互いに結合したりもする「**寡占**」状態にあることをも意味しています。こうしたことは経済学原理の純粋資本主義経済の世界では捨象されていた貿易、国家(国家権力、政府)の財政および経済政策にまで踏み込まなければ解明できない問題です。

ところが、こうした問題にやみくもに取り掛かるよりも、資本主義経済が19世紀末以降に入った新しい段階の特徴を知ったうえで取り掛かった方が、得る知識は正しく、深いものになるでしょう。

その場合、この新しい段階はドイツ資本主義経済が典型的な例として据えられることになります。しかし、変化したイギリス資本主義経済、新興国として急速に発展したアメリカ資本主義経済についても参考にしなければなりません。こうした国々がこの新しい段階を論じるにあたり注目されるのは、先進国として生産力を高めているからにほかなりませんが、それだけではなぜドイツが典型的な例として選ばれなければならないのかの理由が明確ではないように思うのです。封建的経済制度が強く残っていたところに、経済学原理で想定される純粋資本主義経済とは大きくかけ離れた形で、つまり独占組織の形成とか重工業の発展によって生産力を飛躍的に高めることになったのがドイツだった、それでドイツがこの新しい段階の典型になるのにふさわしいということになるのではないかと、私には思われるのです。そこでは農民の土地からの分離がイギリスのようには徹底して行われることなく、資本主義化が達成されることになったのでした。国内産業の変化に後れをとり、資本輸出で発展してくるイギリス、封建的な土地制度ができていなかったところへ多くの移民が入って、そういう移民が企業家または労働者となった経済基盤のうえに独占組織がつくり上げられていったアメリカでは、新しい段階の典型国とまでは言えないでしょう。

それはさておき、資本主義経済の発展の段階を順に萌芽期の段階・純粋期の段階・混成期の段階と呼んでも、どう呼んでも構わないのですが、一般に世界史の教科書で行われている呼び方にしたがえば、経済政策の特徴をとらえて**重商主義段階・自由主義段階・帝国主義段階**と呼ぶことになって、それぞれの各段階の特徴を明らかにする経済学の領域が必要になります。それが宇野弘蔵氏の言う段階論になります。ここに経済学原理・段階論・現状分析の三重から成る経済学の方法が整えられることになるのです。

もっとも、19世紀末以降の段階を「帝国主義段階」と呼ぶことには、私には疑問が残ります。「帝国」という言葉は、資本主義経済の発生以前にも、古代の大きな国に対しても付けられていますし、中央アジアからヨーロッパにかけての侵略的行為を行って争った巨大な国々に対しても付けられています。例えば古代ローマ帝国、イスラム帝国、インカ帝国、モンゴル帝国などなど。植民地政策もヨーロッパの国々において海洋を舞台とした地理上の発見の時代以来盛んに繰り広げられました。18世紀、19世紀においてもイギリスやフランスその他の国々による北アメリカ、インド・東南アジアなどの地域の支配のための進出は行われていたのです。要するに、国々による帝国主義的行為は資本主義経済の19世紀末以降を特徴づけるものではありません。しかも、「帝国主義」という言葉は、資本主義経済の大国を政治的に批判する側が用いる言葉としての性格を色濃くもつものになっています。このような政治色の強い「帝国主義」という言葉が使われなければならないとすれば、19世紀末以後の資本主義経済および現代の資本主義経済の正しい考察をしようとする研究者が輩出することの妨げになるのではないかとも思うのです。

それに、資本主義経済の発展段階を表す「重商主義」、「自由主義」という呼び名は経済政策を指すのであって、国家（政府）が各段階で主導的・支配的な資本の利益獲得を支え、助力するために打ち出す政策であると考えられます。これには金融政策、財政政策、貿易政策、労働政策などいろいろあります。大事なことは、こうした政策は国内に向けて展開されると同時に、対外的に展開されたり影響を与えたりするものにもなっていたということです。19世紀末以降にはドイツを中心に重工業の発展、独占組織の形成、保護貿易、資本輸出の拡大、列強国による世界分割などの新しい状況が現れ、主導的・支配的な資本が産業資本から金融資本にとって代わることになりますが、こうしたことを背景にして金融資本の利益獲得を支えるために国内向けに打ち出された政策を侵略的意味合いの強い「帝国主義」政策と呼んでしまうのは、あまりスッキリしません。例えば、重工業政策や独占企業のための価格政策、また保護貿易政策はそうした「帝国主義」的経済政策なのでしょうか。

そういう点からしても、19世紀末以降に先進資本主義国が迎えた段階を「帝国主義段階」と呼ぶよりも「**協調・融合主義段階**」と呼ぶ方がいいように思うのです。国内での経済的な協調・融合もあれば、各国間での経済的な協調・融合もあるのです。国内的には企業の、それも大企業の組織的な協調・融合によって経済発展が推し進められます。そして国際経済にあっては、列強による後進国（発展途上国）の植民地化もさることながら、「ブロック経済（経済圏）」が形成され、ブロック内では経済発展の協力関係を結ぶ一方、ブロック外に向けては経済交流に消極的で、そのために大きなブロック間の間では各国間の地域紛争や政治対立、さらには世界戦争も起きてきます。資本主義経済の発生（生成）期・発展期という呼び方で言えば、「協調・融合主義段階」は宇野弘蔵氏の言う「**爛熟期**」でもいいし、あるいは「成熟期」でもいいでしょう。「爛熟期」とは、なかなかうまい表現だと思います。現代の世界経済または各国経済は、資本主義経済の「協調・融合主義」の段階の上に、あるいはそれとの関わりの上に築かれています。このことを踏まえて具体的な経済現象に対する現状分析をすることが重要です。

経済の現状をどのようにとらえるべきか

その現状分析ですが、時には世界的な戦時経済および軍備拡張とも関係して第一次世界大戦（１９１４―１９１８）以降に次々と打ち出されてきた国家による有効需要創出の経済政策（景気刺激策）、１９７１年における米ドルの金交換停止、ローン（貸付け）の勤労者社会への浸透、１９７０年代の二度にわたるオイル・ショック（石油危機）、金融の自由化、多国籍企業の海外進出、製造業におけるロボット機器による技術革新と省力化、国有企業の民営化、日米貿易摩擦、産業の空洞化、１９９１年のソビエト連邦の崩壊、１９９３年のＥＵ（欧州連合）の成立、社会主義国の「市場経済化」、外国人労働者問題、派遣社員などの非正規雇用の増大、社会主義国・中国の躍進、欧米を中心とした資本主義経済と中国・ロシアを中心とする社会主義経済との経済交流および政治的対立などなど、対象となるべき事実経過はいろいろあります。

こうした経済の現状のどれをとっても、各国の経済の根幹と関わっているのであり、それらを深く、正しく理解するには、やはり経済学原理の知識がなければならないことは言うまでもありません。ですから、巨大独占体が形成されて完全競争が妨げられてもいるなかでいろいろな現象が現れている世界の各国の経済の現状を考察するのに、そうした経済の現状が原理の抽象的な世界とは著しく異なってしまっていることを理由に、原理の知識はもはや役に立たないとする考えは全くの誤解であり、間違っています。経済学を単に政策提言の理論づくりと見る人にとっては、移り変わる経済状況に合わない古い過去の政策提言とか、新しい政策提言とかの区別をつけることになり、そういう間違った考えに陥りやすいのですが、経済学というものはそういうものではないし、そうであってはならないということをこれまでに示してきたつもりです。経済学の原理、段階論、現状分析という方法の意義について学ぶことを怠ってはならないのです。

さて、それはともかく、現代の資本主義経済は、巨大独占体が形成され、国家（政府）による経済への干渉・助力も必要とされる、私の言う「協調・融合主義段階」の基礎のうえに、大きく変わってきました。前にも話したように、世界の通貨制度の面を見ても、第一次世界大戦および1929年の世界大恐慌の後に金本位制は崩壊し、第二次世界大戦後にそれに代わるドルを基軸とする一種の金為替本位制である管理通貨制度が世界の主要国で採用されたわけですが、1971年にはアメリカによるドルの金との交換性の停止に追い込まれ、世界の主要国の通貨は固定為替相場制から変動為替相場制へ移行しました。変動為替相場制では、基軸通貨であるドルと結びついた各国の対外的な通貨の価値（購買力）を時間の変化とともに常に変化させることになります。

先進的な資本主義諸国は、その直後から二度にわたって受けたオイル・ショックのために生産を軸とする経済過程本体（モノを生み出す「**実体経済**」とも表現されます）は景気の低迷を余儀なくされたのですが、規制緩和や金融の自由化などによって、投資先を失っていた大量の資金が株式やその他の証券の売買、外貨取引、土地・建物の不動産売買、**M&A**（企業の合併と買収）など実体経済の外部に流れ、活況が生み出されたことはありました。しかし、それはその部面での投資の行き過ぎをも生むことになったのです。

世界的規模で巨額の資金を投機的に運用する**ヘッジ・ファンド**（リスクを回避しながら運用する基金）を操作したり、債務を証券化して売買したりする投資会社などの巨大な金融会社がまるで**ハイリスク・ハイリターン**〈高い危険性と高い収益〉のギャンブルに似たマネー・ゲームで大きな利益を稼いだり、あるいは一瞬のうちに破綻に追い込まれたりする状況になりました。アメリカでは、このような巨大な金融会社の行動が株式やその他の証券の大暴落を惹き起こし、その影響が世界の国々にまで波及しました。とにかく、商品経済の流通形態にできた費用と販売価格の間の価格差を狙って、世界を股に資金の流出入が起きているのですね。こうした資金はどれも資本としてはまるで本来の商人資本や金貸資本の性格そのものであるかのように、世界中に流れているのです。価格差だけでいくら大きく稼ぐことができたとしても、何度も話したようにそれは価値増殖の社会的、合理的根拠に基づいたものではないのであり、社会的に新しい価値が生み出されているわけではないのです。そういう部分に世界の経済が大きく依存している、あるいは依存せざるを得ない、これが現代資本主義経済の姿です。もちろん、そういう姿は無政府的な商品経済から成る資本主義経済にとっては当然の姿と言えなくもないのですが、行き過ぎの姿のようでもあります。

また見方を変えれば、資本主義経済の社会において諸商品の価値が、生産過程の資本蓄積から必然的に生じる景気変動を含む社会のなかで、その社会を維持し成り立たせる基準としてありながら、そういう諸商品の価値の役割を十分に果たせなくなっている経済状況というものが大きく広がっていると見ることができます。景気変動そのものが偶然的な対外的な影響を強く受けて生じるものになっていて、時にはそのことが社会を揺るがすほどの経済破綻を惹き起こすことにもなっているのです。世界の各地の地域紛争が大国を巻き込んだ戦闘状態となって現れているのも、経済の行き詰まりを公共事業の拡大およびその他の金融財政政策による有効需要創出策によっては解決できなくなっている、そういう経済の現状と無関係ではないようにも思われます。

まとめて言えば、これらのことすべてが、資本主義経済の「爛熟期」に特徴的な経済の現状というものになっているのでしょう。

正しい経済学に世界が学ぼう

私たちは、こうした現象が事実としてあった、あるいはあることだけを知ればいいというのではなく、こうした現象のそれぞれが経済学原理で取り上げた経済構造および経済的人間関係に対してどのような影響を与えることになったのか、そしてそのことがどのような意味をもったのかということを知ること、これが重要なのです。だから現状の分析になるのです。したがって、経済学原理の知識が基礎にあってこそ科学的な現状分析が行われるということは強調しておきましょう。これにより、あなた方皆さんの経済を見る眼が、世の中を見る眼が、いい意味で変わることは間違いありません。まずはあなた方皆さんが住む社会の経済がどういうものであるかを理解し、そしてこれからどう生きるかを考えればいいわけです。物事を正しくつかんで理解するということは、あなた方を不安にさせたり悲観的にさせたりするものでは決してなく、勇気をもって前進する力を与えることになるのです。

今日、民主主義（国民の生命・財産を守るという意味での民主主義）の危機、交流・親睦を忘れた対立優先の政治の独走といった状況がわが国に限らず、世界の国々で生まれています。そんな政治が経済の自由性、平等性を歪めてしまっています。世界の国々のリーダーたる者は、国内経済のことをよく知り、対外的ないろいろな諸問題に対しては話し合いの外交を通じて平和的解決をはかる知恵を出すことに努力すべきです。民主主義を形だけのものにして、数の力で何をやってもいいということでは、民主主義の正しいあり方とは言えません。多数決の悪用、民主主義の崩壊でしかありません。正しい、本来の民主主義を取り戻すためには、何よりも国民・市民、世界の人々の全員が正しい見識、知識をもつことが何としても必要なのです。そのために、正しい経済学に学ぶということが基本中の基本になってくるのです。

日本、そして世界で、私の話しに興味をもってくれる多くの人々が現れることになれば、私のこのうえない喜びであります。そんな皆さんがいろいろな分野で活躍されることを期待しています。皆さん、正しい経済学によって自分たちの生きているこの地球上の世界のことを知り、争いのない、美しい平和を実現し守るために、一緒に学びましょう。

著者プロフィール

山本 英二（やまもと えいじ）

愛知県に生まれる。千葉県在住。
法政大学大学院および中央大学大学院で学ぶ。立正大学、法政大学、東京外国語大学などの講師、モンゴル国立総合大学の特任講師などを歴任。アジア経済研究所よりモンゴル経済現地調査員として派遣される。
過去に経済学史学会、日本財政学会、日本モンゴル学会に所属し、それぞれで研究発表。
主要著書は、共著『変革下のモンゴル国経済』（アジア経済研究所）、共著『入門・モンゴル国』（平原社）。論文その他執筆物、多数。

経済学の原点

—真実の探究とその役割—

2024年５月27日 第１版第１刷　定　価＝2700円＋税

著　者　山　本　英　二 ©

発行人　相　良　智　毅

発行所　㈲　時　潮　社

175-0081 東京都板橋区新河岸１－18－３
電 話（03）6906－8591
ＦＡＸ（03）6906－8592
郵便振替　00190－７－741179　時潮社
URL http://www.jichosha.jp
E-mail kikaku@jichosha.jp

印刷・相良整版印刷　製本・仲佐製本

乱丁本・落丁本はお取り替えします。

ISBN978-4-7888-0769-3